Frank Semper
Tor zum Amazonas

Umschlagphoto: Frank Semper © 1999
Umschlaggestaltung: Winzer, Griebel & Graser
Karte: Jörg Steeg

1. Auflage 1999
ORGINALAUSGABE

Wrangelstraße 115, D-20253 Hamburg
e.mail sebra verlag@planet-interkom.de

Satz: SEBRA-Satz
Gesamtherstellung: Fuldaer Verlagsanstalt

Printed in Germany
ISBN 3 - 9805953 -1-5

Für Hella

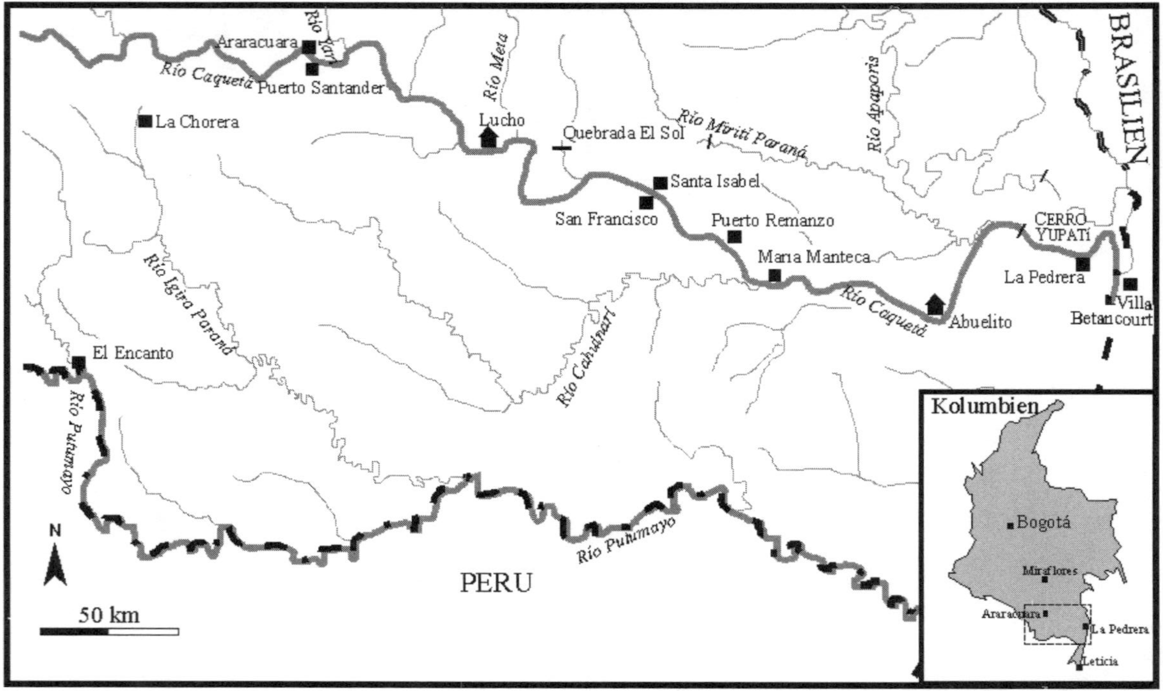
BRASILIEN
Araracuara
Río Yarí
Río Caquetá
Puerto Santander
La Chorera
Río Meta
Lucho
Quebrada El Sol
Río Mirití Paraná
Río Apaporis
Santa Isabel
San Francisco
Puerto Remanzo
CERRO YUPATÍ
María Manteca
La Pedrera
Villa Betancourt
Río Caquetá
Abuelito
Río Igira Paraná
Río Cahuinarí
El Encanto
Río Putumayo
Río Putumayo
PERU
N
50 km
Kolumbien
Bogotá
Miraflores
Araracuara
La Pedrera
Leticia

«Ich durfte annehmen, mich jetzt in einem vom Hauche europäischer Zivilisation noch unberührten, den Ureinwohnern America's unbestrittenen Lande zu befinden.»

Carl Philipp Friedrich von Martius

1

Es war heiß und die Luftfeuchtigkeit war hoch,als ich am Nachmittag Leticia erreichte. Hinter der Rezeption des Hotel Manigua stapelten sich Pappkartons mit Elektrogeräten. In dem Aquarium gegenüber schwebten fingergroße Zierfische und eine kleine Terekayschildkröte. Das stämmige Mädchen an der Rezeption fragte mich nach meinem Ausweis, den ich müde aus der Hosentasche zog. Das Zimmer hatte eine Tür zum Innenhof, in dessen Mitte ein Vogelkäfig stand. Auf einem Ast hüpften zwei schwarzgelb gemusterte Arrendajos und zwitscherten Melodien. Ich stellte den Deckenventilator an und fiel erschöpft ins Bett.

Nur wenige Schritte von dem kleinen Hotel entfernt hatte ein Café Tische und Stühle auf den Fußweg gestellt. Nach einem nächtlichen Tropengewitter saß ich am nächsten Morgen bei wolkenlosem Himmel im Schatten einer Markise, umgeben von unrasierten alten Männern, die Domino spielten. Sie trugen weiße Anzüge und Panamahüte. In den Straßen herrschte bereits Geschäftigkeit, doch weder Lärm noch Hektik. Einige durchgerostete VW do Brasil rollten über die hintereinandergegossenen Betonplatten. Hübsche Mädchen in Kostümen saßen auf schnurrenden roten Hondamofas.

«*Como estás*?» sprach mich ein schlacksiger Mann an, dessen Haare grau wurden und den ich auf Anfang fünfzig schätzte. Er setzte sich zu mir an den Tisch und fragte, wo ich herkäme.

«Aus Deutschland, Hamburg», antwortete ich.

«Hamburg kenne ich gut aus meiner Zeit als Seemann. St. Pauli, die Reeperbahn, die U-Bahn. Ich bin viel mit der U-Bahn gefahren.»

Und dann begann er vor meinen staunenden Augen die Stationen der Linie U 3 aufzusagen.

«Landungsbrücken, St. Pauli, Feldstraße, Sternschanze, Schlump.»

Das waren einst auch die Stationen meiner nächtlichen Streifzüge gewesen, aber ihr Klang war nun ein ganz anderer als der aus den Lautsprecheransagen, die in meiner Erinnerung widerhallten.

«Möchtest du einen Tinto», lud ich meinen neuen Bekannten, der Pablo hieß, zu einem kolumbianischen Kaffee ein.

«Wie hat es dich nach Leticia, in den Dschungel, verschlagen?»

«Ich komme aus Ciénaga an der Karibikküste. Nach meiner Zeit als Seemann schlug ich mich als fahrender Händler durch. Ich habe alles mögliche verkauft, vom Schreibheft bis zum Potenzmittel, aber es blieben nur einige Pesos übrig. Dann war ich Vaquero am Unterlauf des Río Magdalena. Wenn die Regenzeit kam, trieben wir die Zeburinder auf höhergelegenes Land. Das war Knochenarbeit, und ich war schon zu alt, um mit den jungen Reitern mithalten zu können. Der Patron zahlte mich aus, ich sollte mir besser was anderes suchen.

Ich nahm Kontakt zu meiner Familie auf, meine Schwester lebte in Leticia. Das schien mir ein guter Ort für einen Neuanfang zu sein. Drei Wochen war ich unterwegs, nachdem ich in Puerto Leguízamo am Oberlauf des Río Putumayo ein Benzinboot erwischt hatte, das nach Leticia fuhr. Aber ich will dich nicht mit meiner Familiengeschichte langweilen. Komm mit in den Parque Zoologico. Die riesigen Mohrenkaimane werden heute gefüttert. Außerdem gibt es eine Anakonda, Tapire, Manatis, Aras, Tukane, die ganze Tierwelt des Amazonas. Jeden Mittwoch kommt das Kreuzfahrtschiff aus dem peruanischen Iquitos mit einer Gruppe Gringos. Ich helfe dann den Parkwärtern die Schlange aus dem Gehege zu holen. Das ist sehr interessant, ein echtes Erlebnis.»

Ich schloß mich Pablo an. Wir bogen um die nächste Ecke und liefen die zehn Block Richtung Flughafen zum Zoo. Wir kamen an der Kaserne der kolumbianischen Armee vorbei. Eine Einheit Soldaten robbte über die kurzgeschnittene Wiese. Dann erreichten wir den Parque Zoológico. Wir waren die einzigen Besucher und liefen auf den Käfig mit der Anakonda zu.

Kurze Zeit später betrat eine Gruppe von zwanzig Frauen und Männern mittleren Alters den Eingang. Sie unterhielten sich lautstark. Es waren korpulente Amerikaner in kurzen Shorts, behängt mit Fotoapparaten mit Teleobjektiven und Videokameras. Sie folgten einem kleinen drahtigen und laut redenden Kolumbianer, der eine spiegelgetönte Ray-Ban trug.

Vor dem Gehege mit der Anakonda blieben sie stehen. Die Windungen der zehn Meter langen Schlange waren dick wie ein muskulöser Männeroberschenkel und verteilten sich in dem Gehege. Der vordere Teil der Anakonda lag leblos auf der Betonplatte, der hintere im Wasserbekken. Der Kopf war so groß wie der eines Menschen, doch die Augen waren nicht viel größer als Stecknadelköpfe, schwarz und leblos wie Teertropfen. Die Haut schimmerte gräulich und war entlang einer imaginären Rückenlinie mit ovalen schwarzen Flecken bedeckt.

Die beiden Wärter riefen Pablo zu sich, und gemeinsam betraten sie den Schlangenkäfig. Mit großer Kraftanstrengung wuchteten sie das regungslose Tier in die Höhe und trugen es heraus. Für einen Augenblick endete das Plappern der Amerikanergruppe. Die Wärter legten die Schlange ab und forderten nun die Touristen auf, Fotos zu machen. Eine Amerikanerin warf sich auf die Schlange und drückte den Kopf wie bei einer Stoffpuppe.Sie hielt den Schlangenkopf in die Höhe und suchte das Objektiv einer Videokamera.

«*Oh great, how old is she? What's her name*?» riefen mehrere Stimmen durcheinander.

Der Schlange war die ganze Aufregung gleichgültig. Sie blinzelte nicht einmal. Ihr gewaltiger Leib wurde wie ein Feuerwehrschlauch auf mehrere Amerikanerschultern verteilt. Die Anakonda zeigte keine Regung. Plötzlich brach eine Amerikanerin in Tränen aus und lief weg. Die Frau hatte eine Schlangenphobie.

«*Un ataque del amor*», interpretierte Pablo verständnisvoll.

Die Gruppe setzte die Schlange ab, und die Wärter und Pablo trugen sie in den Käfig zurück.

«Füttert ihr die Schlange mit Valium, damit die Touristen aufregende Fotos nach Hause bringen können?» fragte ich Pablo enttäuscht, hatte ich mir die Begegnung mit der gewaltigen Anakonda doch etwas anders vorgestellt.

«Seit einiger Zeit ist sie lebensmüde, und die Nahrung muß ihr mit dem Besenstiel hineingestopft werden. Diese Anakonda ist sehr alt, wie alt weiß keiner so genau, aber über sechzig Jahre werden es schon sein. Das erkennt man an den Flecken auf der Haut, so ähnlich wie man das Alter von Bäumen bestimmt. Je größer die Kreise sind, desto älter ist die Schlange», klärte mich Pablo auf.

Mit der Anakonda verbanden sich viele Mythen des Amazonas. Die Windungen ihres Körpers waren für die

Indianervölker das Sinnbild des Flusses. In ihrer Vorstellung hatte die Anakonda auf ihrem Weg stromaufwärts die Völker entlang des Flusses ausgespien. Ich hatte von Geschichten über Kämpfe zwischen Mensch und Würgeschlange gehört, die von tödlichen Umklammerungen berichteten.

In Leticia gab es Ansichtskarten, auf denen die Anakonda als todbringendes Ungeheuer erschien. Es waren ausgebleichte Abzüge eines Fotos aus den achtziger Jahren. Der Körper der Schlange verteilte sich auf der Ladefläche eines Lkws. Ihr Kopf war verdreht und mit schweren Ketten an der Fahrerkabine festgezurrt. Das Maul stand offen. Im Bauch der Schlange war eine große Ausbuchtung. Was wie der Umriß eines verschlungenen Pekari, eines südamerikanischen Wildschweins aussah, war ein zwölfjähriger Indianerjunge, den die Schlange in der Nähe von Amacayacu verschluckt hatte.

Während ich versuchte, die lebensmüde Anakonda mit der Menschenfresserin in Einklang zu bringen, war die Gruppe mit dem marktschreierischen Reiseleiter weitergelaufen, der die Richtung mit ausgestrecktem Arm anzeigte. Sie blieb vor dem Teich mit den zwei großen alten Mohrenkaimanen stehen. Um den Teich herum zog sich eine Mauer mit einem Gatter. Einer der Wärter rüttelte an den Eisenstäben. Wie an einer Schnur gezogen, die Nüstern nach oben gestellt, bewegten sich die Tiere ohne einen Wellenschlag langsam auf das Gatter zu. Sie blieben abwartend liegen und sperrten das Maul wie auf Knopfdruck langsam auf. Auf ihr Standardgericht, lebende Meerschweinchen, hatten sie schon lange warten müssen. Der Fleischvorrat war aufgebraucht und die Fütterung blieb aus.

«Wenn sie nicht bald etwas zu fressen bekommen, werden

sie sich selbst zerfleischen», sagte Pablo.

Der schwarze Kaiman war die größte Echse im Amazonasgebiet und einst der Schrecken der Flüsse gewesen. Doch nach jahrzehntelanger Jagd war er selten geworden und nur noch weit ab von menschlichen Siedlungen anzutreffen.

Nach der Vorführung des Amazonasschreckens folgte die humoristische Seite. Die Wärter riefen einen handzahmen Ameisenbär herbei, der als Jungtier von einem Jäger am Río Calderón eingefangen worden war. Der Ameisenbär trank abwechselnd Coca Cola und Bier aus der Flasche. Die lange klebrige Zunge zuckte wie bei einer Echse und saugte die Getränke in Minutenschnelle aus dem Flaschenhals. Dann trollte sich der Ameisenbär benommen in den Unterstand. Die meisten Tiere liefen frei herum, Cabybaras, ein Paar Tapire, Kapuzineraffen sprangen in den Bäumen. Die Pflanzenfresser konnten sich auf diese Weise leidlich selbst verpflegen.

Die Gruppe verließ den Zoo. Am Ausgang hielt ihnen Pablo sein leeres Portemonnaie unter die Nase und sagte: «*Soy pobre como la rata*. Ich bin arm wie eine Kirchenmaus.» Einige kolumbianische Pesos und peruanische Soles kamen so zusammen.

«Das Geld reicht gerade für einige Tintos», beschwerte er sich bei mir.

«Du solltest dir eine Anakonda um den Hals legen und die Touristen am Anleger ansprechen. Pro Foto nimmst du dann einen Dollar», schlug ich vor.

Pablo dachte über meinen Vorschlag nach, als wir in der einbrechenden Mittagshitze zurücktrotteten.

Leticia liegt im Gebiet der Ticuna-Indianer, ein freundliches aufgeschlossenes Volk, das sich mit den letzten

Omagua gemischt hatte, die einst die Flußufer und Inseln bewohnt hatten.

Der Chronist Orellanas, Gaspar de Carvajal, berichtete von den Omagua. Kapitän Orellana, der erste europäische Amazonasreisende, hatte Pater Gaspar als dem Vertreter des Papstes den Vortritt gelassen, das neu entdeckte Land für die Kirche einzufordern.

«Wir sind Geschöpfe und Vasallen des Herrschers der Christen, dem großen König von Spanien, Don Carlos. Unser Gott ist der Schöpfer aller Dinge.»

Die Spanier schauten in die offenen Münder und verständnislosen Augen der Omagua. Noch bevor Gaspar de Carvajal fortfahren konnte, hatte Orellana die Gesprächsleitung übernommen.

«Wir sind die Söhne der Sonne und fahren flußabwärts.»

Da lachten die Indianer und bereiteten den ersten Weißen im Jahre 1541 einen großen Empfang. Sie brachten Schildkröten-, Tapir-, Pekarifleisch und getrockneten Fisch in Hülle und Fülle, um die Gäste zu verköstigen. Der charmante Orellana kam bei den offenen und wißbegierigen Indianern gut an. Es gefiel ihm hier. Er blieb mehrere Monate und ließ eine weitere Brigg bauen.

So wurde der Grundstein für eine jahrhundertewährende Vermischung von Weißen und Indianern gelegt. Die Indianer wurden angestellt, Harz für die Fugen des Schiffes aus dem Wald zu holen und sorgten für den Lebensmittelnachschub. Häuptling Aparia begleitete Orellana als Führer stromabwärts bis an die Grenzen seines Reiches.

Auf der Höhe des heutigen Fonte Boa begann das Land der kriegerischen Maschiparo und schnell sollte Orellana, dem jetzt der Park vor dem Anakondahotel gewidmet ist, bemerken, daß nicht alle Indianer ihre Gäste wie die Omagua behandeln.

Leticia ist die Hauptstadt des Departements Amazonas, das Zentrum des kolumbianischen Amazonasgebietes. Die Stadt war 1867 durch den Peruaner Benigno Bustamente gegründet und erst nach dem Inkrafttreten des Grenzvertrages mit Peru im Jahre 1932 offiziell kolumbianisch geworden. Leticia liegt weit ab vom übrigen Kolumbien, getrennt durch sechshundert Kilometer Regenwald, am äußersten Zipfel des «Trapecio Colombiano», wie der trapezförmige Landstreifen heißt, mit dem sich das Land zwischen die beiden Amazonasnachbarn Brasilien und Peru geschoben hat. Kolumbien erhielt einen direkten Anschluß an den Amazonas, der dem Land einen ungehinderten Atlantikzugang sichert. Aber von hier bis zur Mündung ins Meer sind es noch dreitausenddreihundert Kilometer. So stand der Zugang lediglich auf dem Papier, denn seinen gesamten Überseehandel wickelte Kolumbien über die Karibik- und Pazifikküste ab. Leticias Wohlstand beruhte auf dem Status als Zoll- und Steueroase. Es sollte auch Drogenbosse in der Stadt geben und böse Zungen sprachen von einem «Cartel von Leticia», nichts ungewöhnliches in einem Dreiländereck, das nicht zu kontrollieren war und auch niemand kontrollieren wollte. Es gab weder Schießereien noch Tote auf der Straße. Die Drogenbosse lebten ruhig und zurückgezogen. Die Drogengelder flossen in Villen mit Säulenportalen, die in Palm Beach niemanden aufgefallen wären, die aber in einer Dschungelstadt kurios wirkten. Leticia bot für den Drogenhandel einige Vorteile. Die Ware konnte flußabwärts nach Brasilien oder flußaufwärts nach Peru befördert werden. Erst vor kurzem hatte eine Razzia stattgefunden. Natürlich war die Information durchgesickert. Die Narcos hatten ihre Autos vollgepackt und waren über die grüne Grenze nach Tabatinga verschwunden. Den Tag hatten sie in einer der

Aircon-Bars bei Kartenspiel und Whisky verbracht. Nach dem Abzug der Drogenpolizei waren sie am Abend zurückgekehrt.

Das ruhige und saubere Städtchen wirkte ganz anders als die heruntergekommenen Dschungelhäfen, die ich zuvor in Brasilien passiert hatte. Die Menschen strahlten einen Lebensoptimismus aus, eine Heiterkeit und Gelassenheit, wie sie für die Bewohner des tropischen Flachlandes typisch ist, die aber in Brasilien an vielen Orten bereits verlorengegangen und einer unendlichen Hoffnungslosigkeit gewichen waren. Die wenigen ausländischen Besucher, die in Leticia eintrafen, wurden wie alte Bekannte begrüßt und ohne Nachfragen aufgenommen.

Mehrheitlich war Leticia eine Stadt der weißen Kolumbianer, die von den Indianern «Blancos» genannt wurden. Einige stammten aus den Großstädten Bogotá, Medellín und Cali. Es waren kleine Händler, die in der Steuer- und Zolloase mit Spirituosen, Elektroartikeln und Außenbordmotoren Handel trieben.

Ihre Zahl wurde angefüllt von Abenteurern und Spielern, die von der Magie des Dschungellebens angezogen wurden wie die Motten vom Licht. Es waren Lebenskünstler und Phantasten, wie sie seit den ersten Tagen der Konquista existierten und in deren Adern noch einige Tropfen Blut eines Lopéz Aguirre oder eines Ulrich von Hutten flossen. Es waren Nichtseßhafte, die die wirtschaftliche Not verbunden mit dem Sinn nach Abenteuern durchs Land trieb. Die «Masa flotante» war überall dort zu Hause, wo mit Gold, Smaragden, Holz oder Koka Geld zu verdienen war. Auch Pablo gehörte dazu.

Der Wind hatte auch einige Ausländer nach Leticia geweht. Der Prominenteste von ihnen war der Amerikaner Mike Tsalikis gewesen, der in den siebziger Jahren in

Leticia den Ton angegeben hatte. Den Pionier- und Geschäftsgeist hatte er von seinem griechischen Vater geerbt, der das Mittelmeer verlassen hatte, um sein Glück in den Vereinigten Staaten zu suchen. Mike Tsalikis nahm sich in Leticia eine hübsche Ticuna-Indianerin zur Frau, kaufte sich eine gebrauchte Cessna und flog regelmäßig von Leticia nach Miami. Die Ticuna, zu deren Familie er nun gehörte, besorgten ihm Kaimanhäute und Arafedern. Er belieferte Versuchslaboratorien, Tierhandlungen und reiche Privatleute in den USA mit Dschungeltieren. Die Nachfrage war groß und Tsalikis kaufte für einige Dollar die Insel Santa Sofia stromaufwärts, die er zur Isla de los Micos machte. Auf der Affeninsel vermehrten sich die Kapuzineräffchen wie die Kaninchen und mußten nur noch eingesammelt werden. Der Amerikaner war bei den Kapuzinermönchen, die er mit seiner Cessna zu den Missionen an den Flußläufen flog, gleichermaßen beliebt wie bei den Komunalgrößen Leticias, weil er Gelder zum Bau eines Krankenhauses bereitstellte. 1967 wurde er der erste amerikanische Honorarkonsul in Kolumbien. Dann kam der Tourismus. Tsalikis gründete das Hotel Ticuna und ließ eine Gemeinschaft der Yagua-Indianer von Peru nach Kolumbien umsiedeln. Die einstigen Schrumpfkopfjäger, die mit Blasrohren Tiere gejagt hatten, vegetierten nun als Touristenattraktion im Ticuna-Land, trugen Baströckchen und summten den Besuchern auf kleinen Panflöten Melodien ins Ohr.

Der Tierhandel wurde auf Druck internationaler Naturschutzorganisationen gesetzlich verboten. Tsalikis mußte umdisponieren und setzte zu seinem letzten Höhenflug an. Er stieg ins Kokaingeschäft ein und brachte das weiße Pulver in die USA. Er wurde geschnappt und landete in Miami im Knast.

Abenteurer wie Tsalikis lebten in einer Welt mit eigenen Gesetzen. Sie verachteten das Leben in den Städten und fühlten sich nicht als Verlierer, denen die Annehmlichkeiten der Städte vorenthalten blieben. Das unterschied sie von den meisten Brasilianern, die ich entlang des Río Amazonas getroffen hatte, für die das Leben im Dschungel nichts als sozialen Abstieg bedeutete, verbunden mit Niedergeschlagenheit, Abgestumpftheit, Suff und einem frühen Tod durch Gewalt, Drogen oder Tropenkrankheiten.

In Tefé dröhnte die Musik in ohrenbetäubendem Lärm durch die Straßen und erst als sintflutartige Gewitter einsetzten und die Stromversorgung zusammenbrach, sorgte der Rhythmus des trommelnden Regens, dem ich atemlos vom Balkon des Hotelzimmers lauschte, für den Reiz einer aufregenden Weltuntergangsstimmung. Die Gewitter schwemmten nicht nur die Abwässer und den Müll in den großen Fluß, sie holten auch ihre Bewohner, wenn auch nur für kurze Zeit, aus ihrer Lethargie. Sie vergaßen für einige Augenblicke nach Manaus, Belém oder São Paulo zu blicken.

Leticia hingegen war eine Welt für sich, in der sich die Menschen eingerichtet hatten, mit dem befreienden Gedanken im Kopf, das Hochland mit seinen Problemen weit weg zu wissen. Zum ersten Mal auf meiner Amazonasreise spürte ich etwas von einer harmonischen Welt, beinahe eine Idylle, wo jeder seinen Platz zu haben schien. Während die Menschen in den brasilianischen Amazonasorten auf ein Wunder hofften, hatten sich die Kolumbianer häuslich eingerichtet.

Ich begab mich auf den Weg zum Fluß. Entlang der Hauptstraße reihten sich Andenkenläden, angefüllt mit geschnitzten Holzdelfinen, Schildkröten, Tapiren und anderen Darstellungen von Dschungeltieren aus rötlichbraunem Mahagoniholz glänzend poliert. Von der Decke baumelten erdfarbene Masken aus Baumrinde, Bogen und Pfeile geschmückt mit Papageienfedern. In den Regalen lagen Yanchamas, Decken aus Baumrinde mit Dschungelmotiven.

Die Ticuna kamen in die Stadt um Handel auf dem kleinen Markt am Amazonasufer zu treiben. Die meisten wohnten nicht in Leticia, sondern stromaufwärts in ihren Comunidades, Santa Sofia, San Martín, Puerto Nariño. Das waren kleine Dörfer ohne Straßen und Fahrzeuge. Am Amazonasufer standen sie unter winzigen und wackligen Holzgerüsten, die mit einer Plastikfolie überdacht waren, um die Ware rechtzeitig vor dem plötzlich einsetzenden Tropenregen zu schützen. Sie boten Kartoffeln, Platanos, Aji, Ananas und Yukawurzeln an. Einige Ticuna-Frauen saßen auf dem aufgeweichten Boden und hatten ihre Yukawurzeln zu kleinen Pyramiden aufgeschichtet vor sich liegen. Ein Ticuna schnitt Stücke getrockneten Fleisches aus der aufgeklappten Bauchseite des erlegten armlangen Kaimans wie Stücke von einer Dauerwurst.

Das Hauptprodukt aber, von dem die Indianer und die ganze Stadt lebte, war der Fisch, frisch, luftgetrocknet und geräuchert. An der Uferböschung reihten sich die Kühlhäuser und Trockenlager, die auf Pfählen standen, weil der Amazonas während der Regenzeit bis zu ihnen hinaufreichte. Über die Geländer hingen aufgeschnittene Fischleiber, die wie Häute aussahen, zum Trocknen aus. Jedes Jahr wurden sechstausend Tonnen Fisch nach Bogotá ausgeflogen. Die Händler interessierten sich für die großen Amazonasfische, die Riesenwelse, Valentón, Pintadillo und Dorado, die zum Filet verkleinert auf dem Mittagstisch der Hochlandbevölkerung landeten. Der größte ist der Valentón, der eine Länge von bis zu drei Metern und ein Gewicht von hundertfünfzig Kilogramm erreichen kann. Er gilt als besonders gefräßig und soll selbst vor badenden Kindern nicht haltmachen. Valentón ist der gebräuchlichste Name. Am Río Caquetá heißt er Lechero, weil sich auf seiner Unterseite Fettdrüsen befinden, die eine milchige Flüssigkeit absorbieren. Der kleinere Pintadillo ist gestreift und heißt auch Tigerwels. Sein Fleisch ist aromatisch zart und bei der Amazonasbevölkerung wesentlich beliebter als das oft fade Fleisch des Valentóns und des goldschimmernden Dorados.

Neben den drei Arten von Riesenwelsen gibt es noch einen weiteren großen Fisch. Der *Arapaima gigas,* der im kolumbianischen Amazonasgebiet Paiche genannt wird, unterscheidet sich von den gefräßigen Räubern durch seine Friedfertigkeit und kommt im Gegensatz zu ihnen auch nicht in Schwärmen vor. Er gehört zu den letzten Vertretern der urzeitlichen Knochenfische, die im Süßwassermeer des Amazonas bis heute überlebt haben. Seine Schuppen sind größer als Suppenlöffel und wie die gepanzerten Glieder eines Kettenhemdes übereinandergezogen. Er atmet nicht durch Kiemen und kommt zum Luftholen in regelmäßigen Abständen an die Wasseroberfläche. Die Jagd auf einen Paiche ist noch immer eine packende direkte Auseinandersetzung zwischen dem Jäger und dem kräftigen Einzelgänger. Tagelang folgt ihm der Fischer in seinem kleinen fragilen Kanu, um im entscheidenden Augenblick das Ruder aus der Hand zu legen und die Harpune auf den auftauchenden Fisch zu schleudern, der ihn aus weit aufgerissenen Pupillen anstarrt.

Michael Goulding, ein Wissenschaftler der Universität Berkeley, der den Zusammenhang zwischen dem Wald und den Fischen untersucht und viele Jahre bei den Caboclos in Brasilien verbracht hatte, hielt den *Arapaima gigas* für das prestigeträchtigste Beutetier des Jägers und verglich das Harpunieren eines Paiche mit dem Töten eines Löwen durch einen Massai.

Der Paiche lebte nur im zentralen Amazonasbecken und hatte sich nicht über die Katarakte und Stromschnellen an die Oberläufe der Flüsse ausgebreitet. In Kolumbien war er nur im Río Amazonas, Río Putumayo und unterhalb des Chorro de Cordoba im Río Caquetá beheimatet, und in all diesen Flüssen war er bereits recht selten geworden. Ich war daher um so erstaunter, als ich zwei Fischer sah, die einen Paiche, groß wie sie selbst und über einhundert Kilo schwer, auf einen Tisch legten und mit dem Schlachtermesser bäuchlings tranchierten. Der Fisch, dem sie zuvor die Augen ausgestochen hatten, rutschte von der Tischplatte und erst mit Hilfe zweier weiterer Männer gelang es, ihn hochzuhieven.

Die kleinen Fische landeten auf dem lokalen Markt, wo sie auf Bananenblättern auf dem Boden ausgelegt wurden. Im Dutzend hingen schwarzbraune welsähnliche Fische mit vielen Barten und einem runden Saugmaul an einer durch die Kiemen gezogenen Schnur wie an einem großen Schlüsselbund. Die häßlichen Cuchas hatten stecknadelgroße schwarze Knopfaugen, einen flachen Schädel und waren von kleinen harten Schuppen wie Zapfen überzogen. Diese Schlammwühler, in der Nähe der Ufer weit verbreitet, warfen zwar nicht viel Fleisch ab, waren aber geschmackvoller als die meisten Riesenfische. In der Sonne glitzerten die goldgelben schlanken Arengas, die mit dem Netz gefischt wurden. Daneben lagen die schwarzen riesenkarpfenähnlichen Gamitanas.

Eine schwimmende Bar war am Ufer festgemacht, die den Schwankungen des Wasserstandes folgte und über eine Holzplanke betreten wurde, die in federnde Schwingungen geriet, als ich hinüberlief. An der Bar, die zugleich der Bootsanleger war, hatten Kanus in unterschiedlichen Größen festgemacht. In den kleinen Ein-Mann Kanus lag ein Paddel mit einem herzförmigen Blatt. An den langen Einbäumen hingen Außenborder. Einige der Längsboote trugen ein Sonnendach aus Palmblättern der Yarínapalme. In den Booten stapelten sich Stauden grüner Platano und karminrote Chontadurofrüchte.

Die Bar hieß El Delfin Rosado. Der Wirt war ein jovialer Typ, der jeden begrüßte. Er stand hinter seinem kleinen Tresen, hatte einen Kugelschreiber hinter sein rechtes Ohr gesteckt und füllte das schiefe Holzregal mit Bierflaschen auf. Sorgfältig trennte er die kleinen kolumbianischen Aguilar- von den brasilianische Antarctica- und peruanischen Cruzqueñabieren. Von den Kanus sprangen Menschen auf den Anleger und in entgegengesetzter Richtung auf die Boote. Ich trank ein Aguilar, blickte auf die Spiegelungen des Flusses und das wilde Treiben um mich herum und fragte mich, wie die Reise weitergehen sollte. Ich mochte Leticia und die Kolumbianer.

Zunächst mußte ich mich eingehender über das kolumbianische Amazonasgebiet informieren. Das South American Handbook, die Bibel des Südamerikareisenden, das ich zu Rate zog, gab zum kolumbianischen Amazonasgebiet nicht viel her, es endete mit den Straßen am Piedemonte, am Andenabstieg. Die Straßen im Amazonasgebiet aber waren die Flüsse und an die Stelle von Kraftfahrzeugen traten Boote mit Außenbordmotoren. Um diese Geographie zu begreifen, mußte ich umdenken.

2

Die Bibliothek der Banco de la República erschien von außen wie die steinerne Wacht des Geldes und beherbergte in ihrem Inneren ein völkerkundliches Museum, das in die Riten und Gebräuche aller im kolumbianischen Amazonasraum lebenden Indianer einführte. Es zeigte Exponate, Blasrohre, Hängematten, Fischreusen sowie einige wunderschöne Tanzmasken, die die Kapuzinermönche den Yukuna-Indianern abgehandelt hatten.

Ich setzte mich in den Lesesaal zu einer Klasse indianischer Schüler, die andächtig in Bücher versunken waren, und blickte zwischen die Cananguchopalmen hinaus auf die braungelben Fluten des Amazonas. Eine leise brummende Klimaanlage sorgte für angenehme Kühle. Vor meinen Augen zog ein Containerschiff nach Iquitos in Peru vorbei.

Der Amazonas ist eine breite, häufig und dicht befahrene Wasserstraße. Das Dschungelgebiet, das er durchzieht, ist für die meisten Passagiere eine Ödnis, ein störendes, lästiges Hindernis.

Tagelang war ich mit der Capitán Nuñes, einem der typischen zweistöckigen Flußdampfer, von Manaus den Strom hinaufgefahren. Es gab festgelegte Fünfzehn-Minuten-Stops in Codajas, Tefé und Fonte Boa, wo das Boot anlegte und die aussteigenden Passagiere mit ihren zusammengefalteten Hängematten von Bord sprangen. Der Motor stand niemals still und in seinem steten Brummen döste ich tagelang dahin. Die Hängematten hingen eng neben- und übereinander. Jede Bewegung des Schiffes oder des Nachbarn löste eine Kettenreaktion aneinanderstoßender Körper aus, die sich wie ein Klickerspiel von einer Seite des Schiffes zur anderen fortpflanzte. Zum Frühstück gab es steinharte Kräcker und jeden Mittag Reis mit Hühnchen, Tag für Tag mehr Reis und weniger Hühnchen.

Die Gesichter meiner Mitreisenden waren leer, geredet wurde kaum, und wenn sie sich aus der Hängematte erhoben, dann um auf dem Oberdeck stundenlang Telenovelas anzuschauen, während der Schiffsmaat hinter der Parabolantenne stand, um den Empfang von TeleGlobo aus São Paulo einzustellen und zu halten. Die Welt der Schönen und Reichen auf dem Bildschirm stand in absurdem Gegensatz zu den armseligen Ansiedlungen am Fluß. Wenn der Schiffsmaat die Lust an seiner Aufgabe verlor, verschwand das Fernsehbild in einem Wellensalat. Über jeder Ansiedlung, die wir passierten, schwebten Hunderte von Rabengeiern. Traurig schauten die Caboclos in die Fluten und unserem rasenden Schiff hinterher.

Ich war enttäuscht, eine Amazonasreise hatte ich mir romantischer und aufregender vorgestellt. Statt dessen saß ich tagelang mit Menschen in einem Boot, die eine Flußreise als Strafe und nicht als Vergnügen empfanden, die sich nichts sehnlicher wünschten als endlich anzukommen. Aber wo? Die Siedlungen auf der brasilianischen Seite waren ärmlich. Die Menschen machten einen verlorenen Eindruck. Die meisten Hütten waren in einem elenden Zustand. In Brasilien war nicht nur die Abholzung des Amazonasgebietes am weitesten vorangeschritten, auch seine Bewohner hatten sich verändert und die Caboclos, die Nachfahren von zumeist schwarzhäutigen Brasilianern und Indianern, die einst die aquatische Lebensweise der Flußindianer übernommen hatten, wurden mehr und mehr in die Zuflüsse des Amazonasstromes abgedrängt. Aus dem Inland Brasiliens, der armen Nordostprovinz, dem Sertão, und von

Süden aus São Paulo strömen die Landlosen herbei, um in Amazonien auch noch den letzten Quadratmeter zu besiedeln und zu bewirtschaften.

Jede Siedlerfamilie brannte Jahr für Jahr fünf Hektar Regenwald nieder. Die Böden verarmten innerhalb eines Jahres, und es war einfacher, Neuland zu roden, als das Unkraut auf der gerodeten Fläche des Vorjahres zu entfernen. So fraß sich der Strom der Landlosen stets tiefer in den Wald. Schon gerieten die letzten Rückzugsgebiete der Indianer unter Druck. Im Norden an der Grenze zu Venezuela überrannten Garimpeiros das Yanomami-Gebiet, im Süden in Rondonia und Acre waren in wenigen Jahren parzellierte Großsiedlungszonen entstanden, und die brasilianische Besiedlung hatte bereits die Grenze nach Bolivien überschritten. Doch je mehr Menschen nach Amazonien drängten, um so aussichtsloser wurde ein Neubeginn für jeden Einzelnen. Schon war es nicht mehr sicher in der Einkaufszone von Manaus nach zehn Uhr abends herumzulaufen. Am Rande der Stadt bildeten sich nun auch in Amazonien Favelas, noch elender als die Armenviertel von Río oder São Paulo. Das Amazonasgebiet wurde zur Brutstätte für Malaria, Dengue und Gelbfieber.

Wo also sollte ich anfangen, den Regenwald im Urzustand zu suchen, den ich so heftig ersehnte?

Das Amazonasgebiet ist schließlich fast ebenso groß wie Europa und abseits der Städte Belém, Santarém und Manaus in Brasilien, Iquitos in Peru und dem kleinen Leticia in Kolumbien gibt es nur wenige Orientierungspunkte in diesem unbekannten Land. Das kolumbianische Amazonasgebiet entspricht der Größe Spaniens, und Leticia ist nur ein Punkt im äußersten südlichen Zipfel dieses Gebietes. Das Kartenstudium brachte kaum neue Erkenntnisse. Hilfreich waren hingegen die Reisebeschreibungen von Forschern und Abenteurern vergangener Tage, die aufgebrochen waren, den Regenwald zu erkunden. Im Zettelkasten der Bibliothek wurde ich fündig.

Eine hübsche langbeinige Bibliothekarin brachte mir das Buch *The northwest Amazon* des Engländers Thomas Whiffen an den Tisch. Es war 1915 in London veröffentlicht worden und es trug den Untertitel *Some month spend among Canibal Tribes* - Menschenfresser, der Alptraum der ersten Amerikareisenden. Der reißerische Untertitel sollte einst das Interesse für das Buch wecken. Doch als Whiffen seine Reiseerfahrungen veröffentlichen konnte, hatte bereits das große Menschenschlachten in Europa eingesetzt, der erste Weltkrieg war ausgebrochen und einige Kannibalen im hintersten Winkel der Erde konnten keine besondere Aufmerksamkeit erringen. Auf mich wirkte der Titel verheißungsvoll, und ich sprach ihn wie eine geheimnisvolle Formel nach. Er entsprach fremden Welten, die auch ich erleben wollte. Vielleicht war noch etwas von diesen «Kannibalen» übriggeblieben, die Whiffen da beschrieb.

Whiffens Aufzeichnungen aus dem Jahre 1908 unterschieden sich von den Beschreibungen seiner Vorgänger aus dem achtzehnten Jahrhundert. Die berühmten Naturforscher Russel Wallace, Henry Walter Bates und Richard Spruce hatten den Amazonas jahrelang bereist und in seiner ganzen Vielfalt beschrieben, gezeichnet und katalogisiert. Sie hatten den Amazonas zu ihrer Lebensaufgabe gemacht. Sie hatten die Brücken nach Europa abgebrochen, um in die Geheimnisse einer neuen Welt einzutauchen. Im Vergleich zu diesen gewaltigen Enzyklopädisten, zu denen auch noch ihre deutschen Vorgänger Alexander von Humboldt und Carl Friedrich Philipp von Martius zu rechnen waren, um nur die wichtigsten zu nennen, nahm sich Whiffens Beitrag zur Amazonasforschung eher bescheiden aus. Er reiste weder im Auftrag eines Königs, noch verfügte er über die Mittel, eine kostspielige Expedition auszurüsten.

Die Qualität seines Buches lag auch weniger in den ethnographischen Beschreibungen, sondern vielmehr in den praktischen Tips des ersten Kapitels und die lasen sich streckenweise erstaunlich modern. Auf ein Zelt könne man verzichten, schlug er vor, besser sei es, einen Unterstand aus Palmenblättern zu bauen. Er empfahl einen Konservenvorrat aus Europa mitzubringen, um dem chronischen Mangel an Lebensmitteln zu begegnen. Fisch sei reichlich vorhanden, aber für den Neuling im Dschungel schwer an Land zu ziehen. Die ideale Kleidung für eine Dschungelreise sei ein Pyjama, dünn und luftig bedecke er doch Arme und Beine vor den Moskitos und anderem lästigen Getier. Damit sähe man immer noch zivilisierter aus als die Indianer, die schließlich nackt herumliefen.

Mit dem neuen Jahrhundert war eine neue Art des Reisens angebrochen. Das Motiv der Reise von Thomas Whiffen war ein anderes als das der Naturalisten gewesen. Keine großen Entdeckerträume oder akademischer Ehrgeiz hatten ihn nach Amerika getrieben. Sein Schicksal kam mir vertraut und gegenwärtig vor. Zwei Jahre war der Kapitän der königlichen Husaren vergeblich auf der Suche nach einer Beschäftigung gewesen. Der Burenkrieg in Südafrika hatte ihn aus der Bahn geworfen, und er war wieder auf die finanzielle Unterstützung des Vaters angewiesen. Das Nichtstun ödete ihn an und, wie er vermutete, vielleicht auch die Zivilisation. Die Arbeitslosigkeit hatte ihm sein trostloses Dasein vor Augen geführt. Doch als er das pakkende Amazonasbuch von Russell Wallace *Travels on the Amazon and Río Negro* in die Hände bekam, nahmen seine Aussteigerphantasien reale Gestalt an und er versuchte das Elend des beginnenden zwanzigsten Jahrhunderts hinter sich zu lassen. Die Zeit des neuen Jahrhunderts lief schneller. Wallace war vier, Bates elf und Spruce sogar vierzehn Jahre unterwegs gewesen. Whiffens Reise sollte neun Monate dauern. Das war wenig im Vergleich zu seinen Vorbildern, aber das Maximum, das man sich vernünftigerweise in der modernen Gesellschaft noch herausnehmen durfte, wenn man nicht durch ihre Maschen fallen wollte.

Auch die Wahrnehmung hatte sich geändert. Die Reisenden des neunzehnten Jahrhunderts hatten Menschen, Tiere und Landschaften mit dem Zeichenstift festgehalten. Die Darstellungen waren stärker von der Vorstellungskraft des Zeichners als von der Wirklichkeit geprägt. Mit Einführung der Fotografie erschienen die Ureinwohner plötzlich in ihrer ungeschminkten Nacktheit. Die Wiedergabe auf Zelluloid machte die Welt der Indianer auch für mich auf sonderbare Art und Weise wirklicher, vertrauter, sie rückte näher an mich und ich näher an sie heran.

Whiffen hatte sich vorgestellt, die von Wallace am Río Vaupés abgebrochene Reise zu vollenden, von dort über Land den Río Apaporis, dann den Río Caquetá, den Río Putumayo und den Río Napo zu kreuzen, um schließlich das peruanische Kautschukzentrum Iquitos anzusteuern. Da hatte er sich zuviel vorgenommen, wie man sich vor einer Reise in das Amazonasgebiet stets zuviel vornimmt. Das liegt an der immensen Größe dieses Gebietes, die den ausschwärmenden Geist nicht zur Ruhe kommen läßt. Wer dann noch ohne festumrissenen Forschungsauftrag reist, kann sich in dem riesigen Gebiet schnell verlieren. Whiffen unterschätzte die Entfernungen und machte sich falsche Vorstellungen von den Transportmitteln. Der Río Vaupés, der in den Río Negro mündet, war meilenweit von Manaus entfernt und mit öffentlichen Transporten unmöglich zu erreichen. Die beiden Kautschukmetropolen Manaus und

Iquitos waren hingegen durch eine reguläre Schiffahrtslinie verbunden. Whiffen entschied sich für diese naheliegende Route. Der britische Konsul in Belém do Pará begleitete ihn bis in den Río Napo, der nicht weit von Iquitos entfernt in den Amazonas mündet. Von dort wollte Whiffen mit indianischen Trägern an den Río Putumayo kommen. Da stieß er auf ein neues Hindernis. Das Gebiet am Río Putumayo regierte die Amazon Rubber Company, das Kautschukimperium des Peruaners Julio Cesar Arana.

Whiffen paßte seine Reisepläne den Gegebenheiten an. Zwischen Iquitos und El Encanto, dem Zentrum der Company an der Einmündung des Río Karaparaná in den Río Putumayo setzte Arana eine Flotte aus Dampfschiffen ein. Whiffen konnte sich auf Vermittlung des englischen Konsuls einschiffen, denn der Río Putumayo war Sperrgebiet. Arana konnte einen naiven Ausländer gut für seine Sache einspannen und stellte ihm einen der schwarzen Aufseher aus Barbados, die die Indianer zur Arbeit antrieben, zur Seite. Im Auftrag Aranas sollte Whiffen den verschollenen französischen Ethnologen Robuchon suchen. An der Einmündung des Río Cahuinarí in den Río Caquetá fand er die letzte Nachricht, durch den Regen unlesbar, an einen Baum genagelt. Whiffens Buch enthielt keine Zeile von den *Killing Fields*, den Massakern und Greueltaten im Indianerland.

Auch ich hatte im Laufe meiner Amazonasreise meine Pläne immer wieder umgestoßen oder den neuen Gegebenheiten angepaßt. Bereits vor meiner Abfahrt aus Manaus hatte ich mit einer Tour den Río Putumayo stromaufwärts geliebäugelt. Bis zu den Anden wollte ich per Schiff reisen. Ich hatte den kolumbianischen Konsul in Manaus aufgesucht, ein freundlicher Mann in mittleren Jahren, der zu mir mit Begeisterung über die neue Verfassung Kolumbiens sprach, vom kolumbianischen Konsulat in Hamburg träumte (einer Jugendstilvilla im Stadtteil Harvestehude) und rein gar nichts von meinen Plänen hielt, wochenlang einen Grenzfluß *«voller Moskitos und Guerilleros»* wie er sich ausdrückte zu befahren. Statt dessen sollte ich die Attraktionen des Landes besuchen, die koloniale Hafenstadt Cartagena, die Statuen von San Agustín und nicht zuletzt die Zona Cafetera, die Kaffeezone.

Wieder nahm ich die Karte zur Hand. Das Befahren des riesigen Amazonas war eine Sache, das Eindringen in den Dschungel eine andere. Ich mußte also einen Fluß wählen, der von großen Booten nicht befahren werden konnte, der andererseits aber auch nicht so abgelegen war, daß sich überhaupt keine Transportmöglichkeit auftreiben ließe. Ideal erschien mir der Río Caquetá, der oberhalb des Río Putumayo verlief und wegen diverser Stromschnellen nur mit dem Kanu befahren werden konnte. Die Stromschnellen schützten den Regenwald vor der Abholzung. Die Felsen im Fluß waren für größere Boote ebensowenig zu überwinden wie für den Paichefisch. An seinen Ufern lagen die Indianerdörfer der Bora und Miraña, von denen Whiffen sprach. Das Wetter war günstig. Vom immerfeuchten Leticia nahm die Niederschlagsmenge nach Norden hin konstant ab. Zwar gab es keine ausgesprochene Trockenzeit am Río Caquetá, doch sollten die Monate Dezember und Januar vergleichsweise regenarm sein. Am Mittellauf des Flusses entdeckte ich den Ort Araracuara und das Zeichen für eine Landepiste. Dort würde ich hinfliegen, um den Dschungelvorhang zu lüften, der mich umgab. Endlich würde ich mich vom breiten Strom absetzen können.

3

Am nächsten Morgen machte ich mich auf den Weg ins Satena-Büro. Die Satena ist die Militärfluglinie, deren Maschinen von Offizieren der FAC, der kolumbianischen Luftwaffe Fuerza Aérea Colombiana, geflogen werden. Sie verbindet die abgelegenen Dschungelnester, die über Land zumeist gar nicht und auf dem Flußwege erst nach Wochen zu erreichen sind, mit den Zentren des Inlandes.

Mehrere Menschen standen um den Schreibtisch von Don Felipe herum, der das Reservierungsbuch aufgeschlagen vor sich liegen hatte. In dem kleinen Büro war es eng, und die Tür zur Straße stand weit offen, wie es bei den meisten Büros in Leticia üblich war, denn anders als im benachbarten Tabatinga, wo sich die Geschäfte hinter getönten Scheiben in Räumen mit Klimaanlagen abspielten, gab es Luftkühlung nur in der Bibliothek der Banco de la República und dem Anakondahotel, dem ersten Hotel am Platz. Don Felipe bediente einen unrasierten Ausländer in einer bunten längsgestreiften Schlabberhose, ein Modell vom Otavalo Markt in Ecuador, das oberhalb der nackten Knöchel endete. In der Hand hielt der Mann den königsblauen Paß des United Kingdom. Don Felipe versuchte ihm soeben den Dollar-Peso-Umrechnungskurs für das Ticket verständlich zu machen. Ich schaltete mich ein und übersetzte.

«Ja, das geht schon in Ordnung», sagte der Ausländer und holte einige Dollarscheine aus dem Geldgürtel, die er auf den Schreibtisch blätterte. Dann gab er mir die Hand.

«Ich bin Freddy Fisher und komme aus Wales», sagte er und verließ das Büro. Die umstehenden Indianer schienen bereits ein Ticket zu haben oder wollten auch nur einmal einen Gringo aus der Nähe sehen, jedenfalls blieben sie wortlos stehen. Don Felipe blickte mich an, und ich fragte nach dem nächsten Flug nach Araracuara.

«Bis zum 30. Januar ist alles ausgebucht.»

Er zeigte mir die handschriftlich eingetragenen Namen in seinem Reservierungsbuch, einem zerknitterten Schulheft.

«Da ist wirklich nichts zu machen, aber wenn du unbedingt an den Río Caquetá möchtest, dann nimm doch den Flug nach La Pedrera.Es liegt am Unterlauf des Río Caquetá, nicht weit von der brasilianischen Grenze. Von dort kannst du versuchen, mit einem Boot stromaufwärts zu kommen. Es sind noch Plätze frei. Der Flug ist in drei Tagen.»

Flußaufwärts gefiel mir gar nicht, denn es machte mich abhängig von einem Motor und Benzin, beides Dinge, die wohl nur schwer aufzutreiben sein würden. Ich hatte in der Bibliothek mit Blick auf den Fluß von der Strömung geträumt, die mich flußabwärts tragen sollte. Keine Motorkraft, kein Motorgeräusch, nur die Kraft des Flusses und die Geräusche der Natur sollten mich den Fluß hinunterbringen. Sich treiben lassen, war immer schon eine Spezialität von mir. Jetzt sollte alles anders kommen.

Ich machte eine Reservierung und verließ das Büro. Vor der Tür stand Freddy Fisher und war umständlich damit beschäftigt, das Satena-Ticket in seiner Bauchtasche zu verstauen, aus der ein Bündel von Peso- und Dollarscheinen hervorstach. Er schien auf mich gewartet zu haben.

«Fliegst du auch nach La Pederera?» sprach er mich an.

«Sieht ganz danach aus. Ich will versuchen von dort zu

den Bora- und Miraña-Indianern zu kommen. Ihre Dörfer liegen einhundertdreißig Kilometer stromaufwärts von La Pedrera.»

«Das trifft sich gut, da will ich auch hin.»

Wir hatten also die gleiche Route im Auge. Da konnte es nicht schaden, sich kennenzulernen.

«Laß uns was trinken gehen», schlug ich vor.

Wir liefen über die Plaza Santander, auf der eine Bronzefigur mit Gewehr und einem aufgepflanzten Bajonett stand. Das Denkmal war zu Ehren des Soldaten Cándido Leguizamo errichtet worden, der im Krieg mit Peru den Heldentod gestorben war. Wir steuerten die Bäckerei auf der anderen Seite an und bestellten uns zwei Batidos de Guanabana, eine dickflüssige Milch, gepreßt aus einer stachligen Tropenfrucht.

«Wie hat es dir in Ecuador gefallen?» begann ich das Gespräch mit Blick auf seine Hose.

«Ich war nicht in Ecuador», sagte er, «ich habe die Hose einem Typen im Octopus abgekauft, der seine Rechnung nicht bezahlen konnte. Kennst du das Octopus in Bogotá nicht, das *travelers paradise*?»

Ich schüttelte den Kopf.

«Das Octopus liegt im Herzen der Altstadt, im Stadtteil Candelaria. Es hat kein Schild an der Tür, aber jeder Taxifahrer in Bogotá kennt es, auch wenn niemand den Namen aussprechen kann. Für die Kolumbianer ist es die «Casa de los Locos», das Haus der Verrückten. Auf die Tür ist eine riesige Krake gemalt, deren Fangarme den Rahmen umschließen. Hinter dem Krakenauge verbirgt sich ein Guckfenster. Als ich dort ankam und klingelte erschien hinter dem hochgeklappten Krakenauge ein aschfahles Gesicht mit rotgrün gestreiften Haaren und einer durch die Lippe gepiercten Sicherheitsnadel.

'Dios mio', schrie der Taxifahrer, 'un zombie!' ließ meinen Rucksack fallen, verzichtete auf sein Geld und fuhr mit aufheulendem Motor davon.

Der Zombie hieß Mari, kam aus London und war mit ihrem Freund John auf dem Tandem durch Südamerika unterwegs.

'Der Chef ist im Moment nicht da', sagte Mari, 'er ist ins Redaktionsgebäude der Zeitung El Tiempo gefahren, um einen Leserbrief über die Zustände in den Nationalparks persönlich abzugeben. Er hat eine ganze Mappe seiner gesammelten Leserbriefe im Büro liegen mit der Aufschrift «Dossier eines aufmerksamen Bürgers». Sie reichen vom Parkausweis für Anwohner in der Candelaria bis zur Abschaffung der Eselkarren. Wir nennen ihn «El Periodista».

Doch jetzt komm erst einmal herein und trinke eine Tasse Kaffee.'

Mari führte mich in die Küche zu einer großen Kaffeemaschine. Mein Blick fiel auf die rundum angebrachten Hängeschränke, einzeln mit einem Vorhängeschloß versehen. Mari folgte meinem Blick.

'Hat John gebaut', sagte sie nicht ohne Stolz, 'er ist Tischler. Jeder hat hier sein Essensfach. Es wird ständig was geklaut, vor allem aus dem Kühlschrank.'

An den Fliesen waren Hinweiszettel in Englisch, Spanisch und Hebräisch angebracht.

Wasche dein Geschirr ab! Iß nur das, was dir gehört! Drei Israelis hatten ihre Köpfe über dem Herd zusammengesteckt und diskutierten lautstark über einen Topf, gefüllt mit gewürfelten Zuchini, Zwiebeln und Tomaten. Ich nahm einen Schluck Tinto und verzog das Gesicht. Mari lachte.

'Morgens ist er besser, nachmittags ist er so dünn, weil dann nur noch heißes Wasser durch die Kaffeesocke fließt.'

Im Aufenthaltsraum neben der Küche stand ein Typ mit einer Krawatte, der versuchte mit einer Gruppe am hinteren Tisch Kontakt aufzunehmen. Es waren Deutsche so wie du. Aus seinem Kauderwelsch aus Spanisch und Deutsch hörte ich das Wort *«Hintergrund»* heraus, *«más Hintergrund»*. Ich fand das Wort so komisch deutsch, daß ich es mir gemerkt habe.

Ich fragte Mari nach dem Typen.

'Das ist «El Lagarto», die Echse. Er steckt überall seine Nase herein. Ständig lungert er hier herum und sucht Opfer für seine Touren in die Salzmine nach Zipaquirá. Die verkauft er dann als ökologischen Abenteuertourismus. So etwas erhöht noch nicht einmal den Adrenalinspiegel eines Siebzigjährigen. Paß also nur auf, daß Schwiegermutterliebling dich nicht mit seinem Tourgequatsche einfängt. Er hat inzwischen gemerkt, daß wir mehr am Nachtleben als an Salzkirchen interessiert sind. Seit neuestem bietet er eine nächtliche Tour in der Chiva durch die Zona Rosa an, die in Waltmanns Tucken-Bar endet.'

Ich brach in Lachen aus.

«So einen absurden Namen habe ich noch nie gehört.»

«Der Laden ist auch völlig abgedreht. Ich bin dort einmal gewesen, an einem Donnerstag. Donnerstag ist Heterotag und dann trifft sich dort die gesamte Bogotá Schickeria. Eine Band aus drei Deutsch-Kolumbianern in bayrischen Lederhosen, die sich «Los Peores Cantores» nannten, spielten Vallenato. Ich begriff zunächst gar nicht, warum die Mädels kreischend auf den Tischen tanzten und reihenweise in Ohnmacht fielen - die Geschäftsleitung engagierte an diesen Tagen sogar einen Sanitäterdienst - denn dieser schräge Sound plärrte vierundzwanzig Stunden lang aus dem Radio in jeder Eckkneipe.

'Es müssen wohl die ausgebeulten Hosen sein', dachte

ich, als eine schlanke Dreißigerin mit Fönfrisur, blauem Kostüm, geblümten Netzstrümpfen und rotlackierten Fingernägeln mich ansprach.

'Muy chevere, die sind doch unglaublich, oder?'

Die Peores sangen gerade *Las Cantinas de la Vida*. Soweit reichte mein Spanisch, um herauszuhören, daß es sich offensichtlich um ein Trinklied handelte, zumal die drei Barden eine Fünf-Literflasche Aguardiente schwenkten. Am Ende der Vorstellung erschienen die drei mit einem Helm mit zwei Kuhhörnern und sangen *La Santa Cajona*.

'Die Gehörnte', erklärte mir die Frau aus dem Stadtteil Usaquen, 'eine Frau, die ständig von ihrem Ehemann betrogen wird und es nicht merkt.'

Inzwischen hatten die johlenden Zuschauer sich zu einer Polynese formiert. Schlecht sitzende Clubjacketts hatten die Hände an den Kopf gelegt und deuteten mit den ausgestreckten Zeigefingern die Hörner eines Stieres an. Sie jagten über Tisch und Stühle ihrer Vortänzerin hinterher, um sie in den Hintern zu stoßen. Dann ging schlagartig das Saallicht an. Ich schaute auf die Uhr. Es war erst Mitternacht.

'*Rumba zanahoria*, Mohrrübenparty', sagte die Schöne neben mir, 'um zwölf ist Schluß, danach gibt es keinen Alkohol mehr. Das hat uns unser Oberbürgermeister eingebrockt. Angeblich sollen sich nun weniger Menschen totschießen. Ich mochte ihn, als er noch Rektor der Universität Nacional war. Er griff auch damals schon zu ungewöhnlichen Methoden. Einmal ließ er bei einer Podiumsdiskussion mit Studenten die Hosen herunter und zeigte seinen nackten Hintern.'

Bis jetzt hatte ich uns Waliser mit unseren karierten Faltenröcken und den Dudelsäcken für die Verrücktesten gehalten, aber die hier waren noch verrückter.»

4

Bis zu unserem Abflug hatten wir noch genügend Zeit unsere Vorräte zu ergänzen.

«Ich habe schon eingekauft», sagte Freddy.

Er wohnte in einem Zimmer, das in der namenlosen Residencia gegenüber des Manigua lag. Er empfing mich mit nacktem Oberkörper, behaart auf Brust und Rücken. Auf der Matratze seines durchgelegenen Bettes hatte er alles ausgebreitet, was er mitnehmen wollte. Er kratzte sich.

«Ich habe Flöhe.»

Ich versuchte, ihm nicht zu nahe zu kommen. Er zeigte mir eine Flasche, die er in der Apotheke gekauft hatte. Es war Brennspiritus.

«Was steht hinten auf der Flasche?» wollte er wissen.

«Es ist wohl besser, ich rasiere mir dir Haare, I'm so hairy.»

«Ertränken», sagte ich, «du solltest sie ertränken, Flöhe können nicht schwimmen.»

Ich schaute mir seinen Proviant genauer an. Auf dem Bett lagen ein Beutel Salz, ein Kilo Zucker, zwei Beutel Reis, ein Sack Zwiebeln, Heftpflaster und Murmeln.

«Reis mit Zwiebeln, ist das eine walisische Spezialität?» fragte ich.

«Wieso? Das ist nahrhaft», antwortete Freddy.

Er zeigte mir ein Empfehlungsschreiben der ONIC, der nationalen Indianerorganisation, für den Besuch der Bora und Miraña Dörfer.

«El Periodista aus dem Octopus hat es mir besorgt», sagte er. «Er hat mir auch eine Karte vom Geographischen Institut beschafft.»

Er entrollte eine detaillierte Karte, die die Region zwischen La Pedrera und Araracuara abdeckte.

«Eine Machete solltest du dir noch kaufen», sagte ich beim Hinausgehen.

«A Machäti, brauchen wir die denn? Wir machen doch eine Flußreise und keine Dschungelwanderung.»

Ich verließ die Straßen aus Betonplatten und machte mich auf den abschüssigen, aufgeweichten Weg zum Hafen. Die Läden aus Holzbrettern und Zinkdach quollen über vor gut sortierter Ware. Sie führten alles, was für das Leben im Dschungel(überlebens)wichtig war. Macheten, Angelhaken, Feuerzeuge, Taschenlampen, Kerzen, Batterien, Hängematten, Moskitonetze, Kochtöpfe, Gummistiefel, Munition und vieles mehr. Kleidungsstücke und Kochtöpfe hingen von der Decke. Die anderen Waren stapelten sich in den Regalen. Ich kaufte Reis, Öl und Zucker, einige Packungen Spaghetti, Tütensuppen, Thunfischdosen, Kaffee, Tee, Haferflocken und Milchpulver ein. Nicht fehlen durfte eine Flasche Aguardiente und eine Flasche Ron Viejo de Caldas. Für die Indianer nahm ich Baseballmützen, Schreibhefte, Kugelschreiber, Zigaretten und Bonbons mit, außerdem für die Kinder Glasmurmeln und kleine Handspiegel und weil Weihnachten nahte, funkensprühende Wunderkerzen. In der Apotheke besorgte ich Wasserreinigungstabletten und Moskitospray, das Black Flag hieß. Ich fragte den Apotheker nach Schlangenserum. *Trocken und nicht über 20° C lagern,* stand auf der Packung.

«Das Haltbarkeitsdatum ist abgelaufen», sagte ich und zeigte ihm die Packung.

«Das Datum bezieht sich auf die Lagerung im Schrank», sagte der Apotheker.«Ich habe die Packung aber in der Kühlbox gelagert, da verlängert sich das Haltbarkeitsdatum automatisch.»

«Wieviel Serum braucht man denn nach einem Schlangenbiß?» fragte ich.

«Das kommt ganz darauf an. Der Biß einer Korallenschlange tötet dich in einer Stunde, aber keine Angst, sie ist nicht besonders aggressiv. Du mußt sie schon gewaltig ärgern, bis sie ihr kleines Maul aufreißt und ihre Giftzähne zeigt. Du erkennst sie an ihren leuchtenden Ampelfarben. Gefährlich wird es, wenn dich eine Verrugosa, eine Buschmeister, verfolgt. Die flüchtet nicht, wenn du ihr zu nahe kommst. Sie hat eine Einbuchtung zwischen den Augen und wird über drei Meter lang. Wenn dich so ein Vieh erwischt, dann brauchst du zwei bis drei Ampullen Schlangenserum, um zu überleben. Sterben kannst du dann allerdings noch am Eiweißschock durch das Serum.»

Ich sann über die Vor- und Nachteile der unterschiedlichen Todesarten nach, während der Apotheker drei Ampullen Cortison aus der Schublade seines Ladentisches hervorholte.

«Das hilft gelegentlich gegen die Schockwirkung», sagte er.

«Woran erkenne ich, ob es eine Giftschlange war, die mich gebissen hat?» fragte ich.

«Am besten du fängt sie ein», sagte er, aber dann korrigierte er sich, «besser nicht, das gelingt allenfalls den Indianern. Die werden auch oft gebissen, weil sie barfuß durch den Wald laufen. Wenn du aber Gummistiefel trägst und fest auftrittst, wird dir schon nichts passieren», fügte er beruhigend hinzu.

5

Mit der Dämmerung brachen über Leticia Schwärme grüner Papageien herein, die kreischend in den Palmen ihre Schlafplätze aufsuchten.

Auf der Terrasse kleiner lauschiger Restaurants trafen sich die Leticianos nach Einbruch der Dunkelheit.

Freddy, Pablo und ich saßen in der Bar El Faro und tranken eisgekühltes brasilianisches Bier aus Styroporkühlern unter einem Wandbild, auf dem ein Fischer einen Paiche, der länger und schwerer war als er selbst, gebeugt auf dem Rücken trug, wobei er sich den Tragegurt über die Stirn gezogen hatte.

Ein Mann trat an unseren Tisch, den Pablo uns als Mauricio vorstellte. Mauricio hatte pergamentweiße Haut, pechschwarze Haare, lange, nach unten breiter werdende Koteletten und einen Schnauzbart. Er trug einen beigefarbenen Sombrero, Cowboystiefel und eine Hose mit weitem Schlag wie die fahrenden Zimmermänner - für Leticia war er entschieden zu warm angezogen. Von seiner Schulter hing eine schwere Tasche, die eine gewisse Ähnlichkeit mit der ledernen Geldtasche aufwies, die einst die Postboten benutzten. Pablo berichtete Mauricio von unseren Plänen, den Río Caquetá zu bereisen.

«Habt ihr einen Revolver?» fragte Mauricio.

Ich schüttelte den Kopf.

«Aber eine Escopeta, ein Gewehr.»

Ich schüttelte abermals den Kopf.

«Ich habe ein Schweizer Taschenmesser und eine Machete.»

«Hombre, das ist kein Asphaltdschungel. Wo ihr hinwollt, da ist richtiger Dschungel, nur Wald, Wald und nochmals Wald. Denkst du, du kannst mit deiner Machete einen sprungbereiten Jaguar im Flug aufhalten? Du kommst nicht einmal dazu, dein Buschmesser zu ziehen, so schnell ist er über dir. Ohne Schußwaffe bist du ein toter Mann.»

Er löste den Verschluß seiner braunen Ledertasche und schlug die Klappe aus Ozelotfell zurück. Das Innere der Tasche bestand aus mindestens zwanzig Fächern, abgesetzt in roten Leder, das an vielen Stellen schon recht abgewetzt war. Aus einer der Taschen holte Mauricio einen Revolver hervor, eingewickelt in ein kariertes Taschentuch und legte ihn vor uns auf den Tisch.

«Das hier ist der richtige Reisebegleiter für euch.» Er schlug das Taschentuch auf. «Eine 38 Magnum, der treffsicherste Revolver der Welt und leicht zu handhaben.»

An einen Revolver hatte ich bislang überhaupt nicht gedacht. Den Hinweis bei Whiffen hatte ich glatt überlesen. Mauricio hatte meine Gedanken schlagartig auf die Gefahren des Dschungels gelenkt.

Ich wollte nicht glauben, daß Jaguare Menschen anfallen wie die Tiger in Südindien, wo es einige *maneater* gab, denn die bengalischen Tiger waren um einiges größer als ihre südamerikanischen Verwandten, und Indien war viel dichter besiedelt. Gefährlich wurden diese Tiere doch nur, weil der Mensch ihren Lebensraum einschränkte und das jagdbare Getier für die Großkatzen schon reichlich dezimiert worden war. Andere Gefahren kamen mir erst recht nicht in den Sinn. Wie und warum sollte ich auf Kaimane schießen oder etwa auf Schlangen, da hätte ich mir vor lauter Aufregung eher in den Fuß geschossen, als die Schlange zu treffen.

«Ich habe keinen Waffenschein», sagte ich also zu

Mauricio und glaubte er würde den Revolver wieder einpacken.

Mauricio lachte laut.

«Hombre, du bist in Kolumbien! Das ist ein freies Land. Hier brauchst du keinen Waffenschein. Mit einer Waffe stehst du auf der sicheren Seite. Nach Papieren fragt dich niemand.»

Mauricio merkte, daß ich nicht so leicht zu überzeugen war.

«Ohne eine Waffe wirst du verhungern», startete er einen neuen Anlauf. «Wenn du tagelang Hunger hast, wenn sich deine Magenwände zusammenziehen, dann wirst du an meine Worte denken. Jetzt sitzt du noch bequem hier und brauchst nur zu rufen, wenn du ein kaltes Bier oder ein saftiges Steak möchtest. Aber die Dschungeltiere, der Tapir und der Hokko, legen sich nicht freiwillig in den Kochtopf, die wollen geschossen werden.»

«Warum versuchst du, den beiden einen Revolver anzudrehen?» schaltete sich Pablo ein. «Es gibt sowieso viel zu viele Waffen in Kolumbien, fehlt gerade noch, daß wir die Ausländer bewaffnen. Der Amazonas ist der einzige Flekken in unserem Land, wo man in Ruhe leben kann.»

«Der Amazonas ist nicht friedlich. Hast du vergessen, was in Miraflores passiert ist?» ereiferte er sich. «Im Guaviare herrscht Krieg zwischen dem Staat und der Guerrilla. Miraflores ist das größte Kokalabor und Waffenlager unseres Landes. Dort werden zwanzigtausend Tonnen Kokabase im Monat produziert. Der Ort liegt mitten im Wald, den die Guerrillaeinheiten der FARC beherrschen. Die ausgeschlagene Dschungelpiste, die nach San José del Guaviare führt, ist in der Regenzeit nur für Tapire passierbar. Wenn heftige Unwetter niedergehen, muß auch der Flugverkehr eingestellt werden. Dann ist Miraflores nur per Funk mit der Außenwelt verbunden. Die Flugpiste ist zugleich die Hauptstraße. Auf beiden Seiten liegen die Wohnhäuser und an ihrem Ende sitzen die Soldaten und die Drogenpolizei auf dem Präsentierteller. Auf der anderen Seite ist vermintes Gelände. Um die Häuser sind Schützengräben gezogen. Nachdem der Präsident die Kokafelder mit Sprühflugzeugen vernichtet hatte, glaubten die Politiker, sie hätten den Dschungel unter Kontrolle. Was für ein Irrtum!

Die Guerrilla griff während eines Urwaldgewitters an. Mit einer Flotte schneller Boote rasten sie den Río Vaupés mit ihren 200 PS-Motoren hinunter. Sie waren mit Mörsern und Granatwerfern bewaffnet und nahmen die Base unter Feuer. Die Schlacht tobte sechsundzwanzig Stunden lang. Der General saß beim Präsidenten als der Funkkontakt abbrach und beide mußten ohnmächtig geschehen lassen, wie die FARC das Heeresbataillon und die Antidrogenpolizei auseinandernahm. Die FARC verschwand mit über hundert Gefangenen im Wald. Zurück blieben die Leichen der erschossenen Soldaten und Polizisten. Wir zogen sie aus den Schützengräben und verschnürten sie in Plastiksäcken, so wie sie am Hafen die Lecheros verpacken, um sie in den Frachtflieger zu verladen.

Wir Kolumbianer haben keine Ausbildung und keine Arbeit. Wir sind hungrig und verlassen. Der Staat läßt uns im Stich. Das einzige, das unser Überleben sichert sind die Waffen.»

An unserem Tisch entstand betretenes Schweigen. Ich hörte zum ersten Mal von Miraflores.

Ich konnte nicht verstehen, wie ihn seine Erlebnisse bestärkt hatten, eine Waffe zu tragen. Sein Bericht war für mich ein Grund mehr, keine Schußwaffe mitzunehmen.

Freddy, der die ganze Zeit auf die chromblitzende Magnum

gestarrt hatte, gab dem Gespräch eine neue Wende.

«Was hast du eigentlich alles in deiner kuriosen Tasche?»

«Das ist der Carriel meines Großvaters», sagte Mauricio nicht ohne Stolz. «Unsere Familie stammt aus Sonsón, einem kleinen Städtchen in Antioquia. Wir Paisas sind seit Generationen Händler und in der ganzen Welt unterwegs. Wie man die indischen Sikhs an ihrem Turban und dem hochgebundenen Bart erkennt, so erkennt man uns Paisas an der Reisetasche.» Er streichelte das Ozelotfell auf der Taschenklappe. «Ich habe in ihr all die Dinge aufbewahrt, die mein Großvater bei sich trug.»

Er kramte in der Tiefe der Tasche und brachte ein zerknittertes Bild einer Jungfrau zum Vorschein.

«Schaut her», sagte er, «das ist die Seele unserer Kultur.»

«Eine Jungfrau?» fragte ich erstaunt.

Mauricio blickte auf die Abbildung.

«Das ist die Virgin del Carmen, die Schutzpatronin der Reisenden. Auf der Rückseite seht ihr das Pueblito paisa, mein Dorf, meine Heimat.»

Das Foto zeigte eine Plaza mit hohen Bäumen und einem gußeisernen Springbrunnen in der Mitte. Um den Platz standen eine Kirche, das Bürgermeisteramt, ein Gasthaus, ein Krämerladen und der Friseur. Eine Idylle.

Ich stellte mir ein Dorf in den Bergen vor, das der Nebel einhüllte, in dem die Männer Ponchos und Hüte trugen. Sie saßen in ihren Gasthäusern, aßen Schlachtplatte, redeten von Waffen, von Geschäften und von weiten Reisen. Und mittendrin Mauricio.

Systematisch durchforsteten seine Finger die Innentaschen. Nacheinander holte er den gesamten Inhalt heraus und legte die einzelnen Gegenstände vor uns auf den Tisch.

«Das ist die Spitze eines Gürteltierschwanzes. Wenn ich

Ohrenschmerzen habe, mache ich die Spitze im Feuer heiß und stecke sie mir ins Ohr.»

Neben den gebogenen Gürteltierschwanz legte er einen grobgezinkten Kamm und eine Trinkschale aus Kuhhorn. Dann kamen zwei kleine verkorkte Flaschen zum Vorschein.

«Was ist in den beiden Flaschen», wollte Freddy wissen.

«In der rechten ist Schlangenserum aus dem Saft des Sandiobaumes. In der anderen ist etwas ganz Besonderes.»

Mauricio entkorkte die zweite Flasche und hielt sie erst mir dann Freddy und Pablo unter die Nase, dabei schwenkte er die Hand hin und her. Ein intensiver, süßlicher und schwerer Duft entfaltete sich. In der Annahme, es handelte sich um ein zweites Schlangenserum, sagte Freddy:

«Bei diesem fürchterlich penetranten Geruch nimmt jede Schlange Reißaus.»

«Das scheint mir genau das richtige Mittel zur Bekämpfung deiner Flöhe zu sein», scherzte ich.

Mauricio kräuselte beleidigt die Stirn.

«Ihr habt keine Ahnung von feinen Düften. Das ist *Patschuli*», sagte er mit Nachdruck, «mit diesem Parfüm hatte meine Großmutter meinen Großvater betört. Ihre Liebesbriefe hatte sie mit Patschuli parfümiert, so daß er sich auf seinen langen Reisen immer an sie erinnern konnte.»

Er zog einen vergilbten Umschlag hervor. Auch nach fünfzig Jahren war der intensive Patschuligeruch noch auszumachen.

Als ich ins Hotel Manigua zurücklief und an die Gefahren des Dschungels dachte, folgte mir eine Gruppe von Hunden. Das Patschuli an meinen Händen mußte sie angelockt haben.

6

Der Abflugtag rückte näher. Ich schickte einige Neujahrskarten mit derAvianca-Post, tauschte in einer der Holzbuden an der Straße zum Anleger Bardollar in kleine Pesoscheine und genoß die Stunden auf den schwankenden Planken des Delfin Rosado.

Die Satena-Maschine, eine spanische Casa, sollte um zwei Uhr mittags abfliegen. Ein ausgeschlagenes VW-Taxi fuhr uns zum Flughafen. Der Taxifahrer half Freddys Rucksack zu verstauen. Der Rucksack war kaum von der Stelle zu bewegen.

«Was hast du nur alles dabei Freddy?» sagte ich.

Sein Rucksack wog mehr als dreißig Kilo, und ich wunderte mich, was er mit sich schleppte.

«Ich weiß auch nicht, warum er so schwer ist. Ich habe doch nur das Nötigste eingepackt.»

Wir betraten die Flughalle. Vor dem Abfertigungsschalter der Satena hatten die Mitreisenden die Gepäckstücke in eine Reihe hintereinandergestellt. Wir taten es ihnen nach. Die Mittagssonne drang gedämpft durch die getönten Scheiben der Wartehalle. Zwei Soldaten in Uniform und Schnürstiefeln stellten einen Holztisch vor den Abfertigungsschalter. Die Passagiere hoben einzeln ihre Gepäckstücke auf den Tisch, die die Soldaten kontrollierten. Freddy startete einen vergeblichen Anlauf seinen Rucksack in die Höhe zu wuchten und wurde lächelnd durchgewunken. Auch die anderen Reisenden nahmen eine Menge Gepäck mit. Brasilianer aus Villa Betancourt, eine halbe Stunde flußabwärts von La Pedrera, hatten bergeweise

Elektroartikel eingekauft. Trotz der vielen Gepäckstücke wurde der Flug schnell und routiniert abgefertigt.

«Die Satena ist wirklich pünktlich», sagte Freddy, «als ich mit der Aérosucre von Bogotá nach Leticia geflogen bin, habe ich beinahe den ganzen Tag gewartet.»

«War die Maschine defekt?»

«Es war ein Cargero, ein Frachtflieger. Ein Tip vom El Periodista. Das kostet nur die Hälfte des normalen Fluges, aber ohne Mitnahmegarantie.

'Du mußt früh da sein', hatte er gesagt, 'dann hast du gute Chancen mitzukommen.'

Ich stand also in aller Herrgottsfrühe um vier Uhr auf. Die Avenida Jiménez war wie ausgestorben, selbst die Bettler und Diebe hatten sich verzogen, nur einige knochendürre Hunde hatten ihre Schnauzen in die aufgerissenen Müllbeutel gesteckt, die überall herumlagen. Es gelang mir mit einiger Mühe ein Taxi anzuhalten, das die ausgestorbene Autopista entlang raste und mich zum Terminal 1 brachte. Es war eine flache langgestreckte Halle aus rotem Klinkerstein zwischen dem Internationalen Flughafen und der Puente Aéreo.

Ich bestieg die Verladerampe. Die ersten Reisenden warteten bereits und hockten verschlafen auf ihren Koffern. In den Händen hielten sie dampfenden Kaffee, um die eiskalten Finger aufzuwärmen. Ein Verkäufer hatte sich mit zwei großen Thermoskannen Tinto und einem Korb mit Pan de bono auf der Laderampe postiert. Die Kinder trugen Mützen und Handschuhe und rannten die Rampe entlang. Es war bitterkalt, und ich hatte meine Jacke im Octopus zurückgelassen. Ich hatte nur an die schwüle Hitze des Amazonastieflandes gedacht.

Ein Sicherheitsmann der Aérosucre öffnete das Tor aus Maschendraht, vor dem sich eine Schlange gebildet hatte.

Er sah aus wie Charly Chaplin. Die Hose seiner braunen Uniform war zu weit, die Mütze zu groß. Er schrieb Namen und Paßnummer auf ein Stück Papier. Das Entladen der Laster begann gegen sieben Uhr. Die Packer schoben Gepäckwagen aus der Halle hinaus, denen wir ausweichen mußten. Verladen wurden Kühlschränke, Batterien, Farbeimer, Paletten von Bierdosen und zu guter Letzt Korbmöbel. Es dauerte Stunden bis alle diese Sachen im Frachtraum verschwunden waren. Dann geschah lange Zeit überhaupt nichts. Die Piloten verschwanden zum Mittagessen. Um vierzehn Uhr öffnete sich das Gittertor. Der Bordmechaniker, im blauen ölverschmierten Overall und einer schwere Goldkette mit Smaragdkreuz um den Hals, versuchte die Namen der Fluggäste wie von einer Einladungsliste zu verlesen, kam aber nicht weit. Die Wartenden umringten ihn, fuchtelten mit Pesoscheinen vor seiner Nase und riefen ihren Namen. Auch ich hielt meine Scheine in die Höhe. Der Mechaniker nahm mir die Pesos aus der Hand und steckte sie ohne Nachzuzählen in die Tasche. Er führte mich durch das Tor und lief eilenden Schrittes zum Flugzeug, einer Boeing 727 ohne Seitenfenster. Ich verstaute meinen Rucksack in einer Ladeklappe und kletterte über die an die Einstiegsluke angelehnte Aluminiumleiter in die Maschine. Ich betrat einen zellengroßen Raum hinter dem Cockpit. Der einzige Sitzplatz war von einem Kolumbianer im Hawaiihemd besetzt. Auf der Kloschüssel daneben hatte eine junge Mutter mit einem Baby auf dem Arm Platz genommen. In der nächsten Stunde brachte der Mechaniker dreißig weitere Fluggäste in Zweier- und Dreiergrüppchen an Bord. Wir standen dichtgedrängt wie in einer überfüllten U-Bahn und stützten uns mit der Hand an der Decke ab. Dann rumpelte die Maschine über die Schlaglochpiste des El Dorado Flughafens. Nichts war isoliert, selbst die Leitungen für Strom und Sauerstoff befanden sich an der nackten Aluminiumwand. Erst langsam gewann die Maschine an Höhe. Ich mußte lachen, als ich an die Sicherheitsshow in Passagiermaschinen dachte. Bei der Aérosucre waren die Dinge klar und einfach. Keine Rettungswesten, keine Sauerstoffmasken, keine Versicherung. Passagiere existierten nicht, denn sie durften gar nicht befördert werden. Als wir die normale Flughöhe erreicht hatten, öffnete der Mechaniker die Verbindungstür zwischen unserer Zelle und der Ladezone. Wir machten es uns zwischen den Kühlschränken bequem und setzten uns auf Kartons mit der Aufschrift *«fragil.»*

Die kleine Propellermaschine der Satena war bis auf den letzten Platz gefüllt. Neben den Brasilianern saßen Indianer und Colonos aus La Pedrera mit in der Maschine.Die meisten hatten Kartons auf den Knien liegen, und wir saßen eingezwängt in Zweiersitzen auf jeder Seite. Don Felipe schloß die Ladeluke, die Propeller rotierten und durch mein Fenster konnte ich sehen, wie er uns zuwinkte.

Dann waren wir in der Luft. Der Amazonasstrom verschwand unter unseren Blicken.Während die Maschine langsam an Höhe gewann, schaute ich hinaus auf die Viehweiden, die von einer lehmroten Straße durchschnitten wurden. Als Straße nach Tarapaca war sie auf der Karte des kolumbianischen Touristeninstitutes ICT eingezeichnet, die ich mir vor dem Abflug besorgt hatte. Der kolumbianische Außenposten am Río Putumayo lag hundertfünzig Kilometer Luftlinie von Leticia entfernt. Die Straße aber endete bereits nach dreiundzwanzig Kilometern im Dschungel. Das Prestigeprojekt sollte Leticia, eingeklemmt am äußeren Ende des «Trapecio Colombiano», mit der restlichen Landmasse verbinden. An der Straße lebten die Indianerfamilien unterschiedlicher Gruppen des kolumbianischen Amazonasgebietes, Huitoto vom Río Putumayo, Muinane vom Río Caquetá, Yukuna vom Río Miritiparaná, die zu Beginn der Jahrhunderts vor dem Terror der Casa Arana geflohen waren. In früheren Zeiten war dieses Gebiet menschenleer. Jetzt reichten die Strommasten soweit wie die gerodete Fläche, und die indianischen Bauarbeiter hatten bereits Verkehrsschilder mit der Kilometerangabe *Tarapaca 151 Km* aufgestellt. Die Straße hatte in den Augen der Regierung jedenfalls den Vorteil, daß die wenigen kolumbianischen Schiffe, die den Río Putumayo hinauf- und hinunterfuhren, nicht länger einen Umweg durch Brasilien machen mußten. Der Bau wurde mit Geldern der Weltbank begonnen, da bis Ende der achtziger Jahre der Straßenbau eine wünschenswerte Infrastrukturmaßnahme darstellte. Inzwischen wußte man auch in New York, daß die Straßen den Tod in den Regenwald bringen und hatte die Kreditvergabe gestoppt.

Wir überflogen dichten Regenwald. Bis auf das monotone Summen der Propeller war es still in der Maschine, und jeder genoß den Ausblick. Eine wohlige Stimmung hatte sich im Flugzeug ausgebreitet. Der Steward servierte ein winziges Sandwich, eingeschweißt in Plastikfolie. Eine zwei Literflasche Colombiana wurde durch die Reihen gereicht.

Ein endloses Blätterdach, dessen Konturen sich wie ein Schwamm unter uns ausbreitete, färbte sich in unterschiedlichen Grüntönen, unterbrochen von den knallgelben Blüten des Arbol Amarillo. Der nächstgrößere Fluß, in dem sich silbern die Sonne spiegelte, war der Río Putumayo. Dann stieg die Maschine und schien für einen Augenblick in der Luft zu stehen. Wir flogen in ein dicht wattiertes

Wolkenfeld hinein, das sich wie ein Pilz vor uns erhob. Es regnete, und später sahen wir durch die zerrissenen Wolkenfäden einen flachen Berg in der Form eines Chinesenhutes direkt hinter dem Río Caquetá auftauchen. Es war der Cerro de Yupati, ein Ausläufer des Guyanaschildes, der ältesten Steinformation der Erde.

La Pedrera kam in Sicht. Hinter der Flugpiste lag eine Siedlung aus Wellblechhütten. Die Maschine ging hinunter, setzte mit einem sanften Ruck im Regen auf dem nassen Schotter auf und rollte rumpelnd die Piste entlang. Die Scheibenwischer im Cockpit schlugen wie wild. Die Maschine wurde langsamer. Ein Wartehäuschen kam in Sicht. Die Maschine machte eine Linkskurve und die Tür wurde geöffnet. Ich nahm einer vollbepackten Brasilianerin ein Paket ab und stieg in den Regen hinaus, der nun heftiger wurde.

7

Die Piste war von Militär umstellt. Dutzende von Mestizen und Indianern standen schwatzend und erwartungsvoll in Regencapes gehüllt im Schutz des Daches, das auf die Fundamente einer verfallenen Steinhütte gesetzt war. Hier wurden die Passagiere abgefertigt. Durch den Regen war es kühl geworden, und ich fröstelte, während einer der Soldaten unsere Pässe registrierte.

Unschlüssig stand ich mit Freddy herum und blickte unseren Mitreisenden nach, die sich mit Freunden und Familienmitgliedern und dem schweren Gepäck auf den kurzen Weg ins Dorf machten.

«Was macht ihr denn hier?»

Ich schaute in ein rundes Gesicht mit Schnauzbart.

«Ich bin der Comandante von La Pedrera, nennt mich einfach Alfonso.»

Und er gab zuerst mir und dann Freddy die Hand. Er trug ein T-Shirt mit einem aufgedruckten Totenkopf, unter dem sich ein Bauchansatz abzeichnete, eine olivgrüne Militärhose und Schnürstiefel. Ich schätzte ihn auf Mitte Dreißig, und er wirkte trotz seiner Aufmachung nicht unsympathisch.

Irritiert antwortete ich: «Wir sind nur auf der Durchreise.»

«Auf der Durchreise», wiederholte er lachend, «sind außer uns Militärs hier alle.

Wenn ihr Unterstützung sucht oder Fragen habt, könnt ihr euch ruhig an mich wenden.»

«Wo ist das Gebäude der Inderena, der Naturparkverwaltung?» wollte ich wissen.

«Am Ende des Dorfes, ihr könnt es nicht verfehlen.»

Wir wollten schon loslaufen, aber Alfonso hielt uns zurück.

«Es gibt noch einen Gringo in La Pedrera, einen Amerikaner, der hier Schildkröten untersucht. Er fährt regelmäßig mit seinem Deslizador, einem kleinen Metallboot, den Río Caquetá hinauf. Er kommt morgen von dort zurück. Bis er wieder abfährt, habt ihr genügend Zeit La Pedrera kennenzulernen.»

Wir liefen los. Freddy trug schwer an seinem Gepäck und schleppte sich hinter mir her. Von der Flugpiste, die oberhalb des Flusses lag, führte ein lehmiger Weg, der nun matschig und rutschig war, am Fußballplatz vorbei durchs Dorf. Einige Holzhäuser mit Zinkdächern und ohne Türen standen auf beiden Seiten der Straße. Die Räume waren leer bis auf die Hängematten, auf dem Fußboden lagen die verkohlten Überreste von Feuerstellen. An den Wänden hingen Plakate mit einem grinsenden Kandidaten für die Präsidentschaftswahl und dem Slogan *Es el tiempo de la gente.*

In der Dorfmitte entdeckte ich einen Laden, rechts eine Bar mit einer Veranda, die auf den Fluß blickte. Dort war auch der Anleger. Im Uferschlamm steckten massenhaft Bierdosen, die die Trinker von der Veranda geworfen hatten. Anschließend passierten wir die Krankenstation. Am Flußufer stand eine fünfzig Meter hohe Ceiba. In der Krone nisteten leuchtend schwarzgelb gemusterte Arrendajovögel. Sie flogen im stetem Wechsel von ihren schwingenden Kokons ab und landeten bald darauf, um die Jungvögel mit erbeuteten Insekten zu füttern. Wenige Schritte entfernt war die Inderena-Hütte mit Blick auf den Fluß, gebaut auf Pfählen und nur über einen Holzsteg zu erreichen. Wir trafen auf einen untersetzten Mestizen, der uns mürrisch anblickte, als wir nach einer Unterkunft fragten. Hier sollte es drei Betten geben. Die Hütte hatte zwei Zimmer. Eines der Zimmer war mit Werkzeugen, einer Motorsäge, alten Benzinfässern und einem Bettgestell aus zusammengehämmerten Holz vollgestellt. In dem anderen Zimmer schliefen die Schwester des Mestizen und ihre zwei Kinder in Stockbetten. Das war das Drei-Bett-Zimmer für die Besucher. Da es besetzt war, einigten wir uns mit dem Mestizen auf die Küche als Schlafquartier. Wir stellten erst einmal die Rucksäcke ab und gingen in Richtung Bar.

Aus der Bar drangen laute Gesprächsfetzen. Einige Fischer redeten wild gestikulierend aufeinander ein. Sie waren schon zu betrunken, um uns zu bemerken. Alfonso stand abseits an einen Pfeiler gelehnt und hielt eine Dose Aguilarbier in der Hand. Als er uns kommen sah, rief er den Barmann, einen gebückten Mestizen mit einer angefressenen Nase, zu sich und bestellte zwei weitere Biere. Wir stürzten das Bier hinunter. Alfonso warf seine Dose in den Schlamm zu den anderen Dosen, und wir taten es ihm nach.

«Laßt uns zur Base laufen, bevor hier die Schlägerei losgeht», sagte Alfonso.

Der Weg führte über eine Holzbrücke, die die Base mit dem Dorf verband. Der wachhabende Soldat, ein junger Rekrut mit einer Schirmmütze über dem kahlgeschorenen Haar, geschultertem Gewehr und Gummistiefeln fragte nach der Losung.

«*Pendejo*, Dummkopf, ich bin der Teniente, dein Vorgesetzter, ich gebe die Losungen aus.»

Der Rekrut zuckte zusammen, schlug die Haken der Gummistiefel gegeneinander und salutierte. Dabei hätte er fast das Gleichgewicht verloren. Alfonso grüßte zurück, und wir überquerten die Brücke. Wir erklommen die Terrasse seiner Hütte, die auf Pfählen stand. An der Wand hing ein Jaguarfell.

«Den Jaguar habe ich eines Nachts direkt hier vor dem Haus erschossen», und er machte mit beiden Armen eine Geste, als habe er ein Gewehr angelegt.

«Puff ».

Er ließ eine Flasche Aguardiente holen, füllte ein Glas randvoll und reichte es uns.

«Trinkt, das Nationalgetränk Kolumbiens. Wir sprechen hier nicht nur Spanisch, auch Portugiesisch», sagte er.

Er liebte den Ausspruch *muito calibrado*, stockbesoffen, und rollte die Augen.

«Aber ihr habt doch sicher Hunger», bemühte er sich um uns. «Das müßt ihr probieren. Fariña mit getrocknetem Krokodilfleisch, das gibt Kraft.»

Er ließ eine Plastiktüte holen und schüttete uns daraus auf den Teller. «Fariña ist geröstete und geriebene Yuka brava, die hier überall in den kleinen Dschungelgärten angebaut wird, das tägliche Brot der Indianer und inzwischen auch von uns.»

Wir nahmen einige Löffel. Das Zeug war trocken wie Paniermehl, und wir spülten es mit Aguardiente hinunter.

«Oder noch besser zusammen mit eingerührten Schildkröteneiern. Dann heißt es, ja wie heißt es eigentlich?» wandte er sich fragend an einen Indianer, der inzwischen die Veranda begleitet von einem der Soldaten betreten hatte und verlegen und ehrfurchtsvoll das Fell des Jaguars streichelte.

«Ja, wie heißt Fariña mit Krokodilfleisch und Eigelb von der Schildkröte?»

«Ararú», antwortete der Indianer.

Und schon hatte Alfonso seinen Laufburschen losgeschickt, der kurze Zeit später außer Atem mit einem Karton in der Hand zurückkam. In dem Karton steckten fünfzehn daumengroße Eier, olivgrün mit gelben Streifen, Eier der Terekayschildkröte.

Das waren die Schildkröten, die vor Jahren zu Tausenden in die Vereinigten Staaten und nach Europa exportiert wurden und in Aquarien in Kinderzimmern schwammen. Die Einfuhr wurde gestoppt, als sich herausstellte, daß die einst putzigen kleinen Tierchen mit dem Großwerden Appetit auf Fleisch entwickelten und nach Kinderfingern schnappten.

Ich rührte einige Eier in die Fariña.

«Davon dürfen wir aber dem Amerikaner nichts sagen», zwinkerte mir Alfonso zu.

Wir verabredeten uns zu vorgerückter Stunde in der Diskothek, direkt am Anleger.

Die Diskothek war ein zweistöckiges Holzhaus. Aus den Fenster dröhnte der *Baile de perrito*, ein Merenguetitel von Wilfredo Vargas, als Freddy und ich die Wendeltreppe hochstiegen und uns einen Platz an der Bar in dem verdunkelten Raum suchten. Lichtblitze in Rot, Gelb und Blau zuckten aus einem Drehscheinwerfer. Meine Augen gewöhnten sich langsam an das Dämmerlicht. An den wenigen Tischen saßen zwei Paare. Einige Mädchen und Männer waren im Raum verteilt. Die Mädchen trugen hautenge kurze Leggings und Tops, aus denen der Busen drängte. Sie kamen aus Brasilien und waren die Überreste des vergangenen Goldrausches, der wie so vieles an diesem Grenznest vorbeigegangen war, ohne ihm Reichtum zu bringen. Es waren keine brasilianischen Schönheiten wie sie am Strand von Copacabana lagen, aber hier waren sie auch weit weg von den Geldbörsen potenter Männer und vom Skalpell der Schönheitschirurgen. In La Pedrera konnten sie nur zwischen schlechtbesoldeten Rekruten und betrunkenen Goldsuchern wählen. Da kamen Freddy und ich gerade recht. Die Mädchen schauten zu uns herüber und ließen ihre Zungenspitze über die Oberlippe rollen. Ich grüßte sie freundlich. Für uns ließen sie die Hüften zur Lambada kreisen, die den «Tanz des Hündchens» abgelöst hatte.

Jemand klopfte mir auf die Schulter. Alfonso stand in Shorts und Halbschuhen hinter mir.

«Meine Wache paßt unten auf», freute er sich, und wir setzen uns an einen der Tische. Alfonso bestellt eine Flasche Aguardiente. Wir tranken aus kleinen Plastikbecherchen. «*Arriba - abajo - acentro - adentro,* rauf und runter, hoch und rein damit!»

Wir hoben die Copitas und zum Schluß - La Prueba, die Probe. Wir stellten uns die Becher umgekehrt auf den Kopf, und der Comandante kontrollierte sie in der Dunkelheit mit dem Rotlicht seiner tarnfarbenen Taschenlampe.

«Aus Deutschland haben unsere Rekruten den militärischen Kurzhaarschnitt», sagte er. «Der Oberst Schuler war dafür verantwortlich. Doch das Beste an eurem Land sind die Autos, BMW und Mercedes.»

Noch eine Prueba, und wir wandten uns anderen, näherliegenden Themen zu. Zwei der brasilianischen Mädchen setzten sich auf ein Zeichen von Alfonso zu uns an den Tisch. Er füllte für sie eine Copita. Ich ging auf die Toilette. Als ich an den Tisch zurückkehrte, schoben Freddy und Alfonso mit den beiden Brasilianerinnen über die Tanzfläche. Alfonso versuchte dem Rhythmus zu folgen und wirkte wie ein tapsiger Tanzbär, der stets einen Schritt hinterherhinkte.

«Ich kann keinen Lambada tanzen», rief er mir zu. «Ich will endlich Vallenato hören.»

Der Vallenato war die Musik Kolumbiens. Der schrille Gesang wurde von einem Akkordeon, einer Trommel und dem Reibholz der Guacharaca begleitet. Die Musik kam ursprünglich aus Valledupar an der Karibikküste, hatte aber inzwischen auch die Nachbarländer erreicht. Als größter Musiker galt Francisco El Hombre, den Gabriel García Márquez auch in seinem Roman *Hundert Jahre Einsamkeit* erwähnt. Seit einiger Zeit stritten der Nobelpreisträger und der Komponist Rafael Escalona um die wirkliche Existenz dieser Figur. In dem absurden Streit behauptete García Márquez, Francisco El Hombre habe wirklich gelebt, während Escalona davon überzeugt war, er sei in einem Lied erfunden worden.

Der Kellner wechselte die Kassette, die nun krächzend den Titel *Santocachon* spielte. Alfonso drückte seine Begleiterin an sich und strahlte. Freddy setzte sich neben mich, seine Begleiterin fiel in meine Arme.

Wir füllten erneut die Copitas.

«Trinken und Tanzen, das ist eine Sache zuviel in dieser Hitze», sagte Freddy.

Alfonso kam zurück an den Tisch und wirkte verändert.

«Die Brasilianer sorgen für Unterhaltung und für Probleme. Der Typ dort drüben», er schaute auf einen Mann mit Baseballmütze, «hat vor zwei Tagen seinen Nachbarn in Villa Betancourt erschossen, der seine Frau beleidigt haben soll.»

«Was hat er denn gesagt?» fragte ich.

«Ich möchte dich gerne mal im Tanga sehen. Du hast so eine stramme Oberweite.»

«Aber deshalb bringt man doch niemanden um.»

«Die Brasilianer sind heißblütig. Wenn er ein Mörder ist, muß ich ihn ausliefern. Dabei mag ich die Brasilianer. Wir mögen sie alle. Ich habe mich oft gefragt, warum bloß? Sie dringen in unser Land ein. Sie halten sowieso den ganzen Amazonas für ihr Land. Ich sage dir, es ist ihre Lebensart. Sie sind optimistisch, sie sind charmant, sie haben Mut, der Dschungel scheint ihnen nichts auszumachen. Sie nehmen sich was sie brauchen, sie nehmen auch uns das Land weg. Aber sie wären nie so undiplomatisch wie die Ecuadorianer oder die Peruaner deshalb einen Krieg anzufangen. Die Brasilianer infiltrieren uns einfach und wenn wir sie erwischen, strecken sie den Daumen in die Luft, sagen *todo bem* und laden uns zum Bier ein. Niemand kann ihrem einnehmenden Wesen widerstehen.»

Nachdem der Strom ausgesetzt hatte, war es schlagartig dunkel geworden. Freddy und ich torkelten zur Inderena-Hütte. Entlang des Flußufers quakten Tausende von Fröschen. Langsam tasteten wir uns auf dem Weg entlang. Wir hatten beide nicht an eine Taschenlampe gedacht. Ich stolperte über einen Topf in der Küche und suchte fluchend nach einer Verstrebung an der Wand, um die Hängematte anzubinden. Endlich war es soweit. Dann fiel ich in einen unruhigen Schlaf.

8

Der Inderena - Aufpasser, der mir als erster am nächsten Tag über den Weg lief, war noch immer unfreundlich. Er wollte mich ausfragen.

«Was macht ihr hier, seid ihr Wissenschaftler, seid ihr Journalisten?»

Ich ließ ihn wortlos stehen und suchte die Dusche auf. Als ich unter die Dusche trat, schossen Kakerlaken in alle Richtungen davon. Der Wasserhahn gab ein metallenes Rülpsen von sich und blieb trocken. Der verklebte Schweiß der letzten Nacht hing an meinem Körper. Ich stellte mich auf die Veranda vor das Büro mit der wuchtigen alten Schreibmaschine auf dem schiefen Schreibtisch und blickte Richtung Fluß in den Tag hinaus. Der Aufpasser hatte eine Schwimmweste angezogen und paddelte im Fluß wie ein Aufziehspielzeug in der Badewanne.

«Es ist Zeit das Quartier zu wechseln», sagte ich zu Freddy, der aus seiner Hängematte schaute. «Ich habe kein Auge zugetan, ich bin verschwitzt und die Dusche funktioniert nicht.»

«Ich weiß gar nicht was du hast. In Bogotá gibt es an manchen Tagen überhaupt kein Wasser. Dann sehen die Klos im Octopus wie in *Trainspotting* aus.»

«Wir wechseln in das Hotel Mediterraneo», schlug ich vor.

«Ist doch gar nicht so übel die Unterkunft. Das Dormitorio im Octopus ist viel enger, und in manchen Nächten macht man kein Auge zu. Manchmal ist es sogar lebensgefährlich. Eines Nachts wachte ich auf, als eine Stichflamme an mir vorbeischoß. 'So *zu* kannst du doch gar nicht sein', dachte ich. Vor dem Schlafengehen hatte ich nur einen kleinen Joint geraucht. Also schaute ich vorsichtig über die Bettkante und rieb mir die Augen. Auf dem Boden saß ein hagerer Typ mit blonden Rastalocken im Fakirsitz. Vor ihm stand eine Coca-Cola Flasche mit Brennspiritus, in der anderen Hand hielt er ein Feuerzeug. Er spuckte auf den Holzfußboden.

'Bist du verrückt Mann', sagte ich, 'willst du uns alle umbringen.'

'Ich muß üben, ich bin noch nicht gut genug, sonst stehlen mir die Hare Krishna auf der Plaza de Caldas wieder die Show und meine Mütze bleibt leer. Das Schlimmste ist, daß ich immer noch viel zu viel von dem Zeug verschlucke. Ständig habe ich Durchfall', sagte er und rannte zur Toilette.»

Freddy machte eine Pause und wartete auf eine Reaktion von mir. Seine Geschichten hatten mich oft zum Lachen gebracht, jetzt entlockte mir sein Hippiegeschwätz nicht mal ein müdes Lächeln. Ich nahm meine Hängematte ab, packte den Rucksack zusammen und ging.

«Ich bleibe hier», sagte er.

Am Wegesrand betrieb ein Weißer mit seiner indianischen Frau einen Kaffeestand auf hölzernen Rollen, vor dem drei schiefe Hocker standen. Ich nahm einen Tinto, gesüßt mit Panela, und eine frische Empanada. Es war halbacht. Bereits jetzt hatte die Hitze die letzten Reste der Morgenfrische aufgebraucht. Vor dem Satena-Büro parkten die beiden Gepäckanhänger. Die zweistöckigen Häuser entlang der Hauptstraße waren aus Holzbrettern und Wellblech errichtet worden. Der Gemischtwarenladen, die Bar mit der Diskothek gegenüber, das erwachende Treiben, das Herumlungern der ersten Trinker und Hunde auf der noch schattigen Terrasse vor dem Laden erinnerten an die Atmosphäre alter Westernstädte. Einige Alte mit zahnlosen Mündern saßen im Schaukelstuhl vor ihrer Hütte und starrten vor sich hin.

La Pedrera war ein kleines Zentrum, ein Umschlagplatz für Benzin und Waren mit einer Tankstelle,Flugplatz, Kirche und Militärbase. Es war ein Ort in dem einige versprengte Indianer lebten, doch es war kein Ort der Indianer. Die Indianer waren hier nur auf Durchreise, wie die Fahrer der Gesundheitsboote der Bora und Miraña. Es gab Indianerfrauen, die mit Colonos zusammenlebten. Es gab Indianer von mindestens einem halben Dutzend Völker, die sich hier angesiedelt hatten. Es waren Yukuna, Bora, Miraña, Ocaina, Tukano und sogar eine Familie der Karijona, deren ursprüngliches Stammesgebiet Hunderte von Kilometern weit im Nordwesten an der Einmündung des Río Yarí lag. Die einst großen Völker waren bis auf wenige Hundert zusammengeschmolzen. Im neunzehnten Jahrhundert waren sie von brasilianischen Sklavenjägern gejagt worden, dann kam die Kautschukzeit, eine Pockenepidemie und ließ nur noch wenige übrig. Nachfahren der Karijona traf man vereinzelt bis hinunter nach Tefé, wo der Río Caquetá, den die Brasilianer Yupura nannten, in den Amazonas floß.

Die Colonos erzählten Geschichten vom Fischreichtum in einem See, eine Stunde von hier entfernt, an der Mündung des Río Apaporis. Sie erzählten von einem großen schwarzen Kaiman und einer Riesenanakonda.

Das Mediterraneo war das einzige Hotel in La Pedrera, und es lag direkt an der Flugpiste. Ich war erstaunt, daß es überhaupt ein Hotel gab. Am Eingang hing ein kleines Schild *Compro oro*. Der Hotelier saß auf einem der Plastikschalenstühle der Veranda und rauchte eine Zigarette, als ich ankam. Er trug eine beige Hose mit Bügelfalte, ein weißes Hemd und weiße Slipper. Er mußte den Namen seines Hotels passend zu seinem Outfit gewählt haben. Aus leeren Augen blickte er mich an.

«Das Zimmer kostet achttausend Pesos», sagte er.

Dann stand er auf, schob den Vorhang beiseite und lief den Flur entlang, einen Schlüsselring am Hosenbund. Die Zimmer führten rechts und links vom Flur ab, fünf auf jeder Seite. Sie waren winzig und ließen kaum Platz zwischen den beiden frisch bezogenen Holzbetten. Die Decke war niedrig und in den Ecken hingen Spinnengewebe. Die Luft stand, einen Ventilator gab es nicht, wozu auch, es gab sowieso nur drei Stunden Strom in den Abendstunden. Die Moskitonetze waren nach oben geschlagen. Der Hotelier holte eine Parfümflasche aus seiner Tasche und spritzte einige Tropfen auf den Boden, die Wände und die Betten. Ein penetrant süßlicher Geruch breitete sich im Zimmer aus. «Schon wieder Patschuli», dachte ich, aber es war irgendein anderes billiges Duftwasser.

Es war zwar eng hier, aber sauber und damit immer noch besser als das Notquartier der Inderena, wo die Hängematten über den Kochtöpfen baumelten. Ich blieb und stieß die Fensterluke nach oben.Ich schaute über den Fußballplatz auf die Kirche mit dem Wandspruch auf der Fassade. *LA PEDRERA ES TU HOGAR - CHRISTO Y MARIA ESTAN CONTIGO.*

Am Ende des Flures waren zwei Duschen. Es gab sogar Regenwasser.

«Na also», freute ich mich.

Aus den anderem Zimmern drangen gedämpfte Stimmen. Einige Yukuna-Indianer vom Miritiparaná, einem nördlichen Zufluß des Río Caquetá, waren soeben angekommen.

Am Nachmittag kam Bewegung in das träge La Pedrera. Die Hercules der FAC war im Anflug. Comandante Alfonso erschien mit dreißig Rekruten auf der Landebahn. In Camouflageuniform und Gummistiefeln liefen sie über das Fußballfeld. Alfonso schritt gemächlich hinterdrein. Mit angelegten Maschinengewehren sicherten fünf Rekruten im Zehnmeterabstand die Rückseite des Flugfeldes ab.

Ich saß auf der Terrasse unter dem Palmendach des Mediterraneo und Alfonso setzte sich zu mir auf einen der Plastikschalensitze. Wir tranken ein Bier und blickten in Richtung Flugpiste. Alfonso erwartete Verstärkung aus Bogotá, fünfzig Mann. Dann wäre die Besatzung der Base mit einhundertfünfzig Mann zahlreicher vertreten als die Einwohnerschaft von La Pedrera.

«Greifen die Peruaner wieder an, Alfonso?» fragte ich ihn.

«Die Peruaner? - Das ist lange her. Als uns die Peruaner im April 1911 überfielen, wartete General Gamboa auf Verstärkung aus Bogotá. Seine Leute waren krank, und es gab nichts zu essen. Er hätte zweihundert frische Männer gut gebrauchen können. Doch selbst wenn die Regierung Truppen geschickt hätte, wären Wochen, vielleicht Monate verstrichen. Es gab keine Hercules, um die Soldaten herzubringen. Es gab nur den Weg über die Flüsse und der war beschwerlich genug. Die Soldaten verließen Cartagena mit dem Kriegsschiff, fuhren an der Küste Venezuelas entlang bis zur Mündung des Amazonas und weiter von Belém do Pará den Fluß hinauf. Mit sechsundfünfzig Mann, und weiteren zwanzig vom Militärposten in Porto Cordoba hatte Gamboa versucht La Pedrera zu verteidigen. Die Peruaner waren besser ausgerüstet. Mit ihren Booten und vierhundertfünfzig Mann nahmen sie La Pedrera ein. Gamboa mußte nach Villa Betancourt zu den Brasilianern fliehen.» Der Comandante zwirbelte an seinem Schnauzer. «Das war die letzte Niederlage gegen die Peruaner. Die sind wir los. Jetzt haben wir andere Probleme.»

«Macht dir die Guerrilla oder die Drogenmafia Sorgen?»

Alfonso legte die Stirn in Falten und blickte mich ernst an.

«Es gibt Guerrillaverbände der FARC stromaufwärts. Wo sie sich versteckt halten und wie viele sie sind, wissen wir nicht.Wir sichern hier die Base und gehen nicht auf Guerrillajagd. Da draußen kennen wir uns nicht aus», und er zeigte in Richtung Dschungel. «Unsere drei Schnellboote, die in der Quebrada dümpeln, benutzen wir nur, um in Brasilien einzukaufen. Wenn wir den Río Caquetá flußaufwärts fahren, würde sich das wie ein Lauffeuer herumsprechen und die Guerrilla auf den Plan rufen. Die Indianer entlang des Flusses sind verschwiegen wie ein Grab, die geben uns keine Informationen. Wir wissen nicht, was in unserem Dschungel passiert. Wir sind Gefangene auf unserer Base.»

Wir hatten das Propellergeräusch der Hercules im Ohr und schauten in den Himmel. Die Transportmaschine erschien über uns und brummte wie eine dicke Hummel. Sie landete und rollte auf der Schotterbahn aus. Vor den kleinen Hütten wirkte sie noch riesiger. Die Einwohner von La Pedrera hatten sich am Wartehäuschen versammelt. Alfonso war aufgestanden.

«Ich muß los.»

Er lief auf die Hercules zu und empfing die neuen Rekruten, die sich neben der Maschine aufstellten. Aus dem Bauch des Flugzeuges wurde ein Motorrad gerollt. Alfonso schwang sich auf die 500er Enduro, trat den Kickstarter herunter und brauste die Flugpiste entlang. Ich schaute ihm nach. Er kam zurück und fuhr direkt auf das Hotel

Mediterraneo zu. Er grinste mich an.

«Darauf habe ich lange gewartet, hör dir nur dieses Geräusch an, endlich bewegt sich was in La Pedrera.»

Der Bauch der Maschine schloß sich. Die Propeller, die während des Ausladens weiterrotiert hatten, dröhnten nun stärker, als der Pilot die Hercules in Startposition brachte. Sie verursachten eine Windböe, die den Schotter aufwirbelte und einige Steinchen zu uns hinübertrieb.

Alfonso saß strahlend auf seiner Enduro und rief mir etwas zu, aber seine Worte wurden vom Lärm der Propeller verschluckt. Die Hercules rollte langsam nach vorne, wendete und flog gegen die Dschungelfront davon.

«Ach übrigens, heute kommt der Amerikaner», sagte Alfonso zu mir, bevor er noch einmal den Kickstarter heruntertrat und die Flugpiste entlangbrauste.

9

Aus dem Lautsprecher vom Dach der Kirche krächzten Weihnachtslieder. Ich saß auf der Terrasse, hinter mir der Hotelier, und wir blickten beide auf einen zarten, transparenten Regenbogen über dem Fluß. Nach einem starken Regenfall nieselte es, und die Sonne brachte die Hitze zurück. Tagsüber gab es in La Pedrera kaum stechende Insekten und selbst bei Einbruch der Dunkelheit tauchten nur wenige Moskitos auf. Aber in der Regenzeit, hatte mir der Hotelier gesagt, war man Schwärmen von Jején ausgeliefert.

Freddy tauchte neben der Kirche auf und schlug den Weg über das Fußballfeld in meine Richtung ein. Nur langsam kam er näher. Er trug noch immer seine violette Otavalohose und war barfuß. Er humpelte. Tagelang war er ohne Socken in seinen Gummistiefeln unterwegs gewesen und hatte sich die Knöchel und Fersen wundgescheuert. Mit schmerzverzerrtem Gesicht setzte er sich zu mir an den Tisch und kratzte sich an seiner Behaarung an Brust, Bauch und Rücken.

«Hast du immer noch Flöhe?» fragte ich.

Er antwortete nicht und zog ein zerlesenes Taschenbuch aus seinem Umhängebeutel. Ich warf einen Blick auf den Buchumschlag. Es war eine Penguin-Ausgabe von William Burroughs *The Yageletters.*

«Ich möchte wie William Burroughs bei den Indianern an einer Yagésitzung teilnehmen», sagte Freddy.

William Burroughs war 1953 durch Kolumbien gereist um Yagé auszuprobieren, ein Halluzinogen, das aus einer

Liane der Gattung *Banisteriopsis* gekocht wurde und deren Gebrauch am Ende des neunzehnten Jahrhunderts durch den Botaniker Richard Spruce am Río Vaupés für die Wissenschaft entdeckt worden war. Burroughs hatte dem jungen Allen Ginsberg seine Visionen unter Yagéeinfluß beschrieben.

«Irre Erfahrungen, Visionen, Bilder, eine Reise durch Raum und Zeit, durch verwunschene Landschaften und phantastische Städte. Yagé setzt die Wirklichkeit neu zusammen und du erkennst verborgene Dinge, die dein Denken und Fühlen bestimmen», erzählte mir Freddy von den Erlebnissen dieser Ikone der Beatgeneration.

«Burroughs hatte nichts als Drogen im Kopf, während im Land der Bürgerkrieg tobte», gab ich zu bedenken.

«Warum stört dich das? In Kolumbien herrscht doch ständig Krieg. Was anderenorts als Ausnahmezustand bezeichnet wird, gehört hier zum Alltag - und außerdem, selbst wenn es so wäre, keiner hat Kolumbien treffender beschrieben als Burroughs, zumindest kein Ausländer.»

«Warum bist du nicht ins Sibundoy-Tal in die Nähe von Pasto gefahren. Burroughs hatte seine Yagéexperimente doch bei den Kamsá-Indianern durchgeführt.»

«Ich war dort. Der Wald ist abgeholzt. Es gibt kein Yagé mehr. Ich hätte mir den Weg sparen können. Die Kamsá-Indianer haben ihre Kultur aufgegeben. Sie tragen ihren Federschmuck und die Chaquiraperlen nur noch zum Karneval. Der Schamane hat Sibundoy verlassen und sitzt jetzt im Templo Indígena in Bogotá, direkt an der Avenida Caracas, umgeben von Lärm und Abgasen. Am Wochenende kommen Bogotás Intellektuelle, knabbern Pilze, kotzen auf den Boden und haben Visionen. Ich habe nur gekotzt. Der Schamane gab mir einen Rat. Wenn du Yagé finden willst, mußt du dorthin gehen, wo der Regenwald noch in

Ordnung ist. Deshalb wollte ich an den Río Caquetá.»

«Ich glaube nicht, daß du dort Yagé finden wirst. Warum besuchst du nicht die Tukano am Río Vaupés?»

«Ich fahre den Río Caquetá hinauf und damit basta.»

So entschlossen hatte ich Freddy noch nicht gesehen.

«Na schön», sagte ich, «gehen wir zum Amerikaner.»

Das Haus des Amerikaners gehörte der Fundación Natura, einer Nichtregierungsorganisation. Den Eingang beschattete ein Mangobaum. Die Tür war verschlossen, die Fenster mit Brettern verriegelt. Das Haus wirkte wie eine Festung und wollte so gar nicht in die sonstige Umgebung von La Pedrera und seiner Bewohner passen. Neben dem Türrahmen war eine Klingel angebracht, eine kuriose Seltenheit im Amazonasgebiet. Ich drückte den Knopf, niemand meldete sich. Eine Frau kam aus der gegenüberliegenden Hütte und sagte:

«Der Gringo ist zur Messe in die Kirche gegangen.»

Wir warteten in der Bäckerei gegenüber der Kirche. Der korpulente Bäcker ließ von einem Indianermädchen Kaffee kochen.

«*Cafe Colombiano, el mejor del mundo*, Kolumbianischer Kaffee - der Beste der Welt», sagte er triumphierend zu uns, während das Wasser durch die Socke der chromblitzenden Kaffeemaschine tropfte. Der Gottesdienst neigte sich mit abschwellendem Hallelujagesang dem Ende entgegen. Die Kirchengemeinde verließ das Gotteshaus aus gelb gestrichenem Waschbeton und sammelte sich auf der Plaza vor dem Eingang.

Der Amerikaner war inmitten der Indianer und Mestizen unschwer auszumachen. Er überragte die Menge um Haupteslänge. Wir gingen auf ihn zu. Er war hager, schnauzbärtig, kurzhaarig und kurzangebunden. Seinen sauber ausrasierten Nacken hatte die Sonne puterrot verbrannt. Bevor ich ihn noch nach einer Mitfahrmöglichkeit fragen konnte, sagte er zu uns:

«Ich bin müde, es war eine anstrengende Fahrt den Río Caquetá hinunter. Kommt morgen in die Fundación Natura.»

Ich schaute ihm in die nervösen Augen. Er hatte bereits die südamerikanische Abwimmeltaktik angenommen. Ich hatte nicht den Eindruck, daß er uns mitnehmen würde. Trotzdem würden wir ihn am nächsten Tag noch einmal aufsuchen. Er hatte schließlich ein Boot und Benzin, und er fuhr dorthin, wo wir hinwollten.

Kurz vor Sonnenuntergang ging ich auf der Flugpiste spazieren, um endlich mal aus La Pedrera herauszukommen. Jetzt war das Licht am schönsten und die Temperaturen angenehm. Seit dem Morgen hatte es nicht mehr geregnet.

Ich setzte mich zu dem Yukuna Gentil und seiner Familie auf die Veranda des Mediterraneo. Er wartete in La Pedrera auf das Geld der Liberalen Partei, um im Departement Amazonas Wählerstimmen für die anstehende Präsidentenwahl zu kaufen. Die Preise lagen in diesem Gebiet bei zehn US-Dollar und einem T-Shirt.

«Das ist doch Betrug, Gentil», sagte ich.

«Das ist eine der wenigen Möglichkeiten für uns Indianer, um etwas Bargeld in die Hand zu bekommen. Von mir aus können jedes Jahr Wahlen stattfinden.»

«Sind euch denn die Kandidaten ganz egal?»

«Für uns macht es keinen Unterschied wer in Bogotá regiert. Die Politiker vertreten sowieso nur ihre eigenen Interessen. Wir haben unsere Capitáne. Andere Vertreter brauchen wir nicht.»

Wir tranken eiskaltes Aguilarbier, das der Hotelier aus der Kühltruhe holte. Jeden Abend pünktlich um sechs klappte er die Holzluke der Bar nach oben und stellte den Kassettenrecorder an. Strom gab es erst mit Einbruch der Dunkelheit. Dann begann das Nachtleben von La Pedrera und der Generator dröhnte von achtzehn bis einundzwanzig Uhr. Die tägliche Dreistundendosis sollte die Lethargie des Tages vergessen lassen. Auch La Pedrera wurde zu einem Teil der zivilisierten Welt, als alle Elektrogeräte des Dorfes zeitgleich ansprangen, Kassettenrecorder, Kühlschränke, Ventilatoren und die Lichterkette am Weihnachtsbaum vor dem Büro der Satena die in Intervallen aufblinkte und wieder erlosch. Die drei Kassetten des Hotel Mediterraneo boten einen Querschnitt der Musik Lateinamerikas. Neben Samba und Salsa gab es argentinischen Schmuserock von Franco de Vita und Rap von Nando Boom aus Panama. Der Hotelier war sonderbar. Er wirkte wie ein Fremdkörper in La Pedrera, wie eine Spinne im Netz, die auf Beute lauerte, ein Mensch, der sein Nichtstun bürokratisch ausgefüllt hatte. Die Tage verbrachte er als Goldaufkäufer für die wenigen Indianer und Mestizen, die manchmal vorbeikamen, um etwas Goldstaub einzutauschen. Dann holte er gelangweilt die kleine Waage hervor, begab sich in sein Büro und zog den Vorhang vor dem Hinterzimmer zu. Mit dem Einsetzen der Elektrizität wurde er zum Barmann. Die Antworten auf meine Fragen endeten stets mit *«Si Señor.»*

Später fand sich Freddy ein. Wir spielten Domino und knallten die Steine auf den Tisch. Mücken, Fliegen, Falter und dicke schwarze Käfer schwirrten um die nackte Glühbirne, die von der Decke des Palmendaches baumelte. Ständig fiel ein Insekt herunter und eierte wie ein Brummkreisel über den Tisch.

«Auch die Argentinier im Octopus spielten von morgens bis in die Nacht Domino», sagte Freddy.«Sie hatten einen

Tisch im Gemeinschaftsraum reserviert. Am Abend stand einer von ihnen auf und schmiß ein großes Churrasco in die Pfanne, während ein anderer den Rotwein entkorkte. Argentinischer Rotwein war nicht leicht aufzutreiben in Bogotá. Claudio kaufte ihn in San Andresito. Auf dem Schwarzmarkt war vom russischen Kaviar bis zu Nike-Schuhen alles erhältlich. Ich hatte die erste Nacht im Octopus verbracht und saß morgens noch recht verschlafen im Aufenthaltsraum. Ich buchstabierte das Schild *Do not swing on the chairs,* als Claudio mit einem gewinnenden Lächeln auf mich zukam.

'Hast du nicht Lust, dir in fünf Minuten fünfzig Dollar zu verdienen', sagte er. In Anbetracht meiner knappen Reisekasse schien mir das ein überdenkenswertes Angebot. Ich rechnete im Kopf den Stundenlohn aus und war sofort hellwach.

'Was muß ich tun?'

'Komm mit', sagte Claudio und lief in sein Zimmer. Er hatte das einzige Einzelzimmer. 'Mach die Tür zu und setz dich.' Ich setzte mich aufs Bett. Auf dem Wandregal lag ein Mobiltelefon. 'Ich muß ab und zu ungestört telefonieren', erklärte Claudio, 'im Aufenthaltsraum hören zu viele Leute zu. Außerdem habe ich den Verdacht, daß Dr. Katharina, die Chefin des kolumbianischen Geheimdienstes, der DAS, das Telefon abhört. Neulich war die gesamte Telefonanlage ausgefallen. El Periodista war verzweifelt, total von der Außenwelt abgeschnitten zu sein. Eine Reparatur durch die Telecom wäre langwierig und teuer gewesen, da bot sich ein Typ aus Zimmer neun an, die Anlage zu reparieren. Seitdem knackt es in der Leitung und der Typ checkte am nächsten Tag aus. Ganz amüsant, wenn ich mir vorstelle, das der DAS nun Spezialisten engagieren muß, die versuchen die stundenlangen Gespräche der

Israelis zu dechiffrieren. Sollte mich nicht wundern, wenn sie die Worte Cuzco, MachuPicchu, Galapagos, die in allen Israeligesprächen vorkommen, für einen Geheimcode halten, über den sich «Katharina die Große» nun ihr hübsches Köpfchen zerbricht.' Unter dem Bett zog er einen Rucksack hervor und löste eine Abdeckung mit Klettverschlüssen an der Rückseite. Sauber aufgereiht lagen mehrere Stapel von Dollarnoten nebeneinander. Ich pfiff leise durch die Zähne. Bündelweise Dollar hatte ich bislang nur in Filmen gesehen. 'Das ist das Geld meiner Kunden', sagte Claudio. 'Ich fliege heute noch nach Panama. Meine Kunden machen steuerfreie Geschäfte, und ich sorge für die nötige Diskretion.' Er gab mir ein Bündel mit zwanzig Hundert-Dollar Scheinen. 'Jetzt gehen wir zur Banco Industrial Colombiano. Du tauscht das Geld in Pesos. Man wird deinen Namen und deine Paßnummer notieren, und du unterschreibst den Ankaufbeleg. Das ist alles. Ich warte draußen auf dich.'

Ich tauschte das Geld und gab Claudio die Pesos.

Am Abend verließ er das Octopus in einem blauen Anorak, den Rucksack auf dem Rücken und einem Kofferradio in der Hand. Beim Friseur hatte er sich den Nacken sauber ausrasieren lassen wie unser Schildkröten-Amerikaner und das Haar akkurat gescheitelt. 'Die perfekte Tarnung', dachte ich nicht ohne Anerkennung, selbst an das Kofferradio, ohne das ein Latinotourist keine Reise antritt, hatte er gedacht.»

«Solche Großstadttricks werden euch im Dschungel nichts nützen», sagte Gentil, der aufmerksam zugehört hatte und schüttelte den Kopf. «Hier herrschen andere Gesetze.»

«Auf deiner Jagd nach Wählerstimmen, fährst du doch sicherlich den Río Caquetá hinauf», sagte ich zu Gentil.

«Nein, das lohnt nicht. Da bin ich tagelang für eine Handvoll Stimmen unterwegs. Die Bora und Miraña sind nicht mit ein Paar Pesos einzufangen. Capitán Boa boykottiert die Wahlen. Er will von der Welt der Weißen nichts wissen.»

«Können wir sie denn besuchen?»

«Die Bora und Miraña begrüßen ihre Gäste, solange sie sich nicht in ihre Angelegenheiten einmischen. Missionare und Politiker dulden sie nicht. Aber ihr könnt unbesorgt sein. Tragt dem Capitán euer Anliegen vor, dann wird er euch in die Maloca, dem großen Gemeinschaftshaus, aufnehmen.» Gentil machte eine Pause und schaute mich an. «Aber wie wollt Ihr dort hinkommen, ohne ein eigenes Boot und Benzin? Es gibt zwar einige Kanus und Außenbordmotoren, aber auf den fünfhundert Kilometern zwischen La Pedrera und Araracuara gibt es keinen Tropfen Benzin.»

«Wieviel Benzin brauchen wir denn?»

«Schwer zu sagen. Es kommt auf die PS-Zahl des Motors an. Ein 9.9. Yamaha braucht pro Stunde eine Gallone bei gedrosseltem Motor. Aber ich habe keine Ahnung, wie viele Stunden es von hier nach Araracuara sind. Dreißig bis vierzig Gallonen werden es wohl sein.»

«Kennst du das Gebiet der Bora und Miraña?» fragte ich.

«Ihr Zentrum ist der Río Cahuinarí, ein Zufluß des Río Caquetá, nicht weit von Puerto Remanzo entfernt. Dort leben keine Menschen. Der Río Cahuinarí ist das Reich der Tiere.»

«Dann werden wir auch Tapire sehen?»

«Nicht nur Tapire, Riesenottern, Kaimane, Cabybaras, Aras und auch Jaguare, *tigres*», sagte er leise und voller Respekt.

10

Zum Frühstück traf ich mich mit Freddy beim Bäkker. Freddy stand bereits vor der Tür. Er war barfuß und kratzte abwechselnd mit der Ferse des einen Fußes die Mückenstiche an den Knöcheln des anderen.

Seit Tagen malte er eine Weihnachtskarte für seine Mutter, die er unbedingt von La Pedrera wegschicken wollte. Er zeigte mir das Bild.

«Grün in Grün», kommentierte ich.

Der Bäcker war zugleich die Post. Die eingetroffenen Briefe hatte er zwischen die süßen trockenen Rascones gesteckt, die in der Glasvitrine auslagen. Er saß mit dem indianischen Mädchen an einem der Tische, vertieft in ein Mensch Ärger Dich Nicht-Spiel. Statt bloßer Farben vertraten die Spieler Fußballclubs, Nacional de Medellín, Millionarios de Bogotá, America de Cali, Junior de Barranquilla. Die Tintomaschine, die beim letzten Mal schon so verdächtig gedampft hatte, hatte endgültig den Geist aufgegeben. Der Bäcker war niedergeschlagen und blickte nicht von dem Spiel auf, als ich ihn nach einem Tinto fragte.

Wir wechselten zum Kaffeestand in die Hauptstraße, den breiten Lehmweg, den die Morgensonne beschien. Die Indianerin goß den Tinto in geblümte Porzellantassen mit Goldrand. Ihr Mann trug einen Vulteao, einen Hut mit verzierter Krempe, wie er an der Karibikküste weit verbreitet war. In der Hand hielt er eine Zwiebel, die er bedächtig mit dem Messer zerkleinerte und mit der Messerspitze in einem Glas abstreifte, um Salsa für die Empanadas zu machen.

Wir liefen zum Amerikaner. In seinem Haus war es angenehm kühl. Die Wände waren aus Stein, was ich aufgrund der Holzfassade nicht vermutet hatte. Mike führte uns in sein Büro und eröffnete uns, daß er uns nicht mitnehmen könne. Sein Aluminiumboot, der Deslizador sei für uns alle zu klein.

«Aber versucht es doch einmal bei Belesario, der fährt in den nächsten Tagen nach Puerto Remanzo. Er ist der Promotor de Salud.»

Ich hatte den Verdacht, daß er Botaniker, Zoologen, Ethnologen, Archäologen oder sonstige -ologen wohl mitgenommen hätte zu seiner Forschungsstation. Aber wir waren keine Kollegen, sondern undefinierbare Dschungelabenteurer, irgendwelche Spinner, die aus einem für ihn nicht nachvollziehbaren Grund, den Weg bis nach La Pedrera gefunden hatten. Für Leute wie uns war doch der Amacayacu-Nationalpark bei Leticia vorgesehen. Dort gab es schließlich einen Lehrpfad, eine Cabaña mit drei Mahlzeiten und täglichen Anschluß in die Departementhauptstadt. Der Río Caquetá hingegen gehörte den Wissenschaftlern.

Wir wollten schon aufstehen und gehen, aber Mike wollte noch sein Projekt vorstellen.Im Hinterhof standen drei Inkubatoren aus Styropor mit unterschiedlichen Temperaturen zum wissenschaftlichen Ausbrüten der Terekayschildkröten.

«Die Fundación Natura kümmert sich in erster Linie um die Terekayschildkröte. Die Inderena hingegen um die Charapa. Die Charapa ist die größte Süßwasserschildkröte und daher populärer», erklärte er weitschweifig. Auf einem hüfthohen Holztresen standen zehn Plastikwannen. Fünf waren dem direkten Sonnenlicht ausgesetzt, die übrigen waren mit einer grünen Plastikplane abgedeckt. In den Zubern tummelten sich Dutzende kleiner Schildkröten mit numerierten Rückenpanzer, Einjährige und Zweijährige so groß wie Fünfmarkstücke.

«Wir wollen feststellen, ob unterschiedliche Lichtverhältnisse zu einem unterschiedlichen Größenwachstum führen», dozierte er.

Tatsächlich, die größte der Schildkröten paddelte im Sonnenlicht. Nummer zwei hingegen im Schatten. Mike räumte ein, daß der wissenschaftliche Beweis noch nicht erbracht sei.

Die Suche nach einem Boot begann von neuem. Freddy und ich liefen zum Krankenhaus, um dem Tip von Mike nachzugehen. Wir betraten einen Raum mit weiß gekalkten Wänden, der bis auf eine Liege und einen Tisch mit OP-Besteck leer war. Im Raum stand ein Mestize in einer graugrünen Schürze, auf der frische Blutspritzer klebten. Über die Hände hatte er hauchdünne Gummihandschuhe gezogen.

«Wir haben gerade operiert», sagte er, als ich auf die Handschuhe blickte. Er steckte sich eine Zigarette an. «Ein kleiner Junge ist am Flußufer in eine verrostete Thunfischdose getreten. Ich mußte nähen. Man kriegt die kleinen Indianerbengel nicht dazu, Schuhe zu tragen. Immer wieder verletzen sie sich.»

«Doktor», begann ich.

«Der Doktor», unterbrach er mich, «ist nicht da. Der ist nach Bogotá geflogen, um mit seiner Familie Weihnachten zu verbringen. Vor Ende Januar kommt er nicht zurück, wenn er überhaupt noch kommt. Die jungen Ärzte aus dem Inland vertragen das Klima nicht und sind froh, wenn sie nach ihrem Pflichtjahr wieder Höhenluft atmen dürfen.»

Er nahm einen tiefen Zug aus seiner Piel Roja und blies mir den Rauch ins Gesicht.

«Mich nennen hier zwar alle Doktor, doch ich bin nur der Sanitäter.»

«Ich suche Belesario.»

«Belesario fährt unser Krankenhausboot. Er hat eine kranke Indianerin aus seiner Comunidad nach La Pedrera gebracht. Ich hole ihn.»

Der Sanitäter verließ den Raum und kam kurze Zeit später zurück, begleitet von einem dunkelhäutigen Indianer, der ihm bis zur Schulter reichte.

«Das ist Belesario», sagte er.

Ich streckte Belesario die Hand entgegen, aber er schlug sie aus.

«Wann fährst du nach Puerto Remanzo», fragte ich ihn.

Er legte seinen Kopf in den Nacken, um mir in die Augen zu schauen.

«Morgen. Ich warte nur noch auf einige Medikamente aus Bogotá.»

«Kannst du uns mitnehmen?»

«Ja.»

Ich konnte es kaum glauben, daß die Suche nach einem Boot vorbei sein sollte.

«Freddy, nun beginnt unser Dschungelabenteuer!» rief ich.

«Die Fahrt kostet euch zwanzig Gallonen Benzin», sagte der Sanitäter. «Benzin ist hier so wertvoll wie Gold.»

Belesario fragte uns nach unseren Namen und den Nummern der Ausweise für die Zarpe, die Auslaufpapiere, die wir auf einen Zettel schrieben.

Am nächsten Morgen waren wir früh auf den Beinen. Wir hatten uns mit Belesario um sieben am Tanklager am Flußufer verabredet. Das zermürbende Warten würde ein Ende haben. La Pedrera lag erst am Rande des Dschungels, der zum Greifen nah war. Ich wollte endlich tiefer in dieses endlose Waldgebiet vordringen. Seit Tagen blickte ich auf den Berg am gegenüberliegenden Ufer, dem Cerro de Yupati, und auf die gerodete Fläche mit dem Internat des Kapuzinerordens. Endlich würde es den Río Caquetá hinaufgehen.

Ich verabschiedete mich vom Hotelier und Gentil und verließ das Mediterraneo. Gentil rief mir hinterher:

«Mal sehen, ob ihr heute noch loskommt.»

Beim Bäcker kaufte ich alle Brötchen und im Gemischtwarenladen die vier nagelneuen Sechs-Gallonenkanister, die von der Decke baumelten. Mehr Kanister waren nicht aufzutreiben. Ich nahm den schmalen Weg zum Bootsanleger. Vor dem Kühlhaus standen einige Colonos und beluden den Anhänger bis zum Rand mit Lecheros. Nun lagen sie steinhart gefroren und kopflos eingenäht in Jutesäcken übereinander. Eine Transportmaschine sollte heute kommen und den Fisch nach Bogotá ausfliegen. Die Frachtmaschinen, die in La Pedrera landeten, waren ausgemusterte Dakotas der amerikanischen Luftwaffe aus dem Zweiten Weltkrieg. Die Colonos schoben den Anhänger Zentimeter um Zentimeter die ansteigende Straße hinauf zur Flugpiste.

Freddy kam mir entgegen. Wir setzten uns auf ein umgedrehtes Kanu, das am Ufer lag. Frühnebelschwaden trieben über den Fluß und lösten sich auf. Es roch nach Verwesung.

Der Gestank kam aus Freddys Rucksack.

«Hast du eine Leiche im Gepäck?»

Freddy packte den Rucksack aus. Zum Vorschein kamen bemalte Masken aus Balsaholz, geschnitzte Holzdelfine, eine Sammlung Panflöten in unterschiedlichen Größen, drei Paar Schuhe, ein Zelt und eine dicke Kirchenkerze, die bei Prozessionen verwendet wird. Zum Schluß zog er einen Schildkrötenpanzer heraus. An der Unterseite hingen weiße Fleischfäden. Ich hielt mir die Nase zu. Der Panzer stank bestialisch.

«Wo hast du den denn her?»

«Den habe ich auf dem Markt von Leticia gefunden. Ich will ihn noch bemalen und zu Hause an die Wand hängen.»

«Soweit wird es nicht kommen. Wirf den Panzer weg.»

Freddy schaute mich an, schaute auf den Schildkrötenpanzer und warf ihn kurz entschlossen in den Fluß. Wir warteten. Belesario war nicht zu sehen. Die Zeit verstrich. Mittlerweile war es halbzehn. Es war heiß und ich wurde ungeduldig. Freddy war die Ruhe selbst. Die Schwester des Inderena-Mestizen hatte seine wunden Knöchel bandagiert, und er begab sich zum ausgiebigen Frühstück ins Dorf. Nach einer Stunde kehrte er mit einer Tüte Fischabfälle zurück.

«Jetzt sorge ich für unseren Reiseproviant», sagte er und begann zu angeln. Er warf die Schnur aus, die sich im Wurzelwerk der Uferböschung verhedderte. Freddy kletterte den Abhang hinunter und hielt sich mit einer Hand an einer Wurzel fest, um nicht in den Fluß zu rutschen, während er mit der anderen Hand versuchte, die Schnur wieder freizubekommen. Inzwischen war ein kleiner Hund auf den Köder aufmerksam geworden und machte sich mit wedelndem Schwanz über die Fischreste her. Freddy ließ von der Angelschnur ab.

«Hilf mir heraus», rief er. «Ich stecke fest.» Ich reichte ihm meinen Arm und zog ihn nach oben.

Endlich bog Belesario mit einem zehn Meter langen Kanu mit Außenborder um die Biegung des Flusses. Er lud zwei leere Zwanzig-Gallonenbehälter aus.

Das Benzinlager befand sich hinter einer Tür aus Holzbrettern, das mit einem Vorhängeschloß versehen war. Die großen Fässer waren aufgereiht wie in einem Weinkeller. Das Benzin kam mit dem Schiff aus Leticia, tausendsiebenhundertdreißig Flußkilometer entfernt, zunächst auf dem Amazonas bis Tefé und von dort den Río Caquetá hinauf, eine meist zweiwöchige Schiffsreise. Deshalb kostete das Benzin hier dreimal soviel wie in Bogotá. Der Tankwart schloß das Lager auf, steckte einen Schlauch in ein Faß und saugte das Benzin an. Er spuckte auf den Boden und leitete den Benzinstrahl in die Kanister. Einer der beiden Zwanzig-Gallonenkanister hatte einen Riß am Boden, aus dem das Benzin heraustropfte. Belesario bestrich die Stelle mit Uferschlamm. Der Tankwart trug in die Auslaufpapiere die Benzinmenge ein. Jede Gallone mußte Comandante Alfonso genehmigen. Gemeinsam wuchteten wir die Kanister ins Boot.

Der 9.9 PS-Yamaha trieb das vollgeladene Kanu an. Freddy setzte sich an den Bug und wurde zur Kühlerfigur. Dahinter reihten sich die Sechs-Gallonenkanister. Ich saß in der Mitte auf einem Brett, das Belesario lose zwischen die Kanuwand geklemmt hatte, hinter mir der Rucksack als Rückenlehne. Am Heck hockte Belesario, die rechte Hand am Gashebel des Außenborders. An der Mündung der Quebrada lag der letzte Kontrollpunkt. Zwei Rekruten winkten uns heran. Belesario sprang von Bord, zeigte dem Posten die gestempelten Auslaufpapiere, nannte seinen Namen und sagte seine Cedulanummer auf. Die Soldaten winkten uns zu und riefen beinahe übermütig:

«Buen Viaje».

Den Cerro de Yupati ließen wir rechts liegen. Der Rió Caquetá war an dieser Stelle felsig. Die glattpolierten Felsplatten, die die Ufer begrenzten, wirkten wie von Menschenhand geschaffen und vermittelten den Eindruck durch einen Kanal zu fahren. Möwen mit gebogenen gelben Schnäbeln segelten über uns hinweg, überflogen unseren Einbaum und ließen sich vom Aufwind rasant nach oben tragen. Wir passierten eine paddelnde Indianerin mit Kind in einem Kanu. Sie war wunderschön.

11

Ein anderer Reisender war an dieser Stelle am 9. Januar 1820 unterwegs. Er saß in einem Kahn unter einem Schutzdach aus Palmenblättern, um dem peitschenden Regen zu entgehen. Er fröstelte und hatte Kopfschmerzen. Zwölf Indianer, die er in Tefé angeheuert hatte, ruderten gleichmäßig.

Es war Carl Friedrich Philipp Martius, ein Botaniker, der im Auftrag König Maximiliam I. von Bayern reiste.

Seit über drei Jahren war er nun in Südamerika. Gemeinsam mit seinem Freund Johann Baptist Spix hatte er das große Brasilien erkundet. Sie waren im Gefolge der Erzherzogin Leopoldine von Österreich 1817 ins Land gekommen. Leopoldine hatte den Kronprinzen von Portugal geheiratet, den späteren Kaiser von Brasilien, der einzige offizielle Monarch, den Amerika je zu bieten hatte. Die portugiesische Monarchie war aus Furcht vor einem Einmarsch Napoleons nach Brasilien geflüchtet.

Als der Kaiser von Österreich seine Tochter nach Brasilien schickte, sah auch der bayrische König seine Chance gekommen, endlich einen Bericht über das Innere Südamerikas zu erhalten. Er versah seine beiden besten Wissenschaftler Spix und Martius mit einem umfangreichen Forschungsauftrag.

In Rio de Janeiro angekommen, blieb Spix und Martius nicht viel Zeit, um den Hochzeitsfeierlichkeiten beizuwohnen. Vor ihnen lag ein riesiger Kontinent. Schon bald hatten sie sich von dem österreichischen Forschungsteam, bestehend aus Zoologen, Botanikern und Minenexperten, getrennt, von denen ein jeder eifersüchtig den Fortgang der Arbeit des anderen verfolgte.

Sie waren nach São Paulo aufgebrochen, es folgten die Provinzen Minas Gerais und Goias. Dann waren sie den Küstenwäldern gefolgt, bis sie Bahia erreichten. Sie hatten die Dornbuschsteppen des Sertão durchquert. In zwei unermüdlichen Reisejahren hatten sie nach einem Zickzackkurs zwischen der Küste und dem Hinterland Pará, das heutige Belém am Mündungsdelta des Amazonas, erreicht.

Auch ich kannte diesen ewigen Pendelrhythmus zwischen Küste und Inland. Eine Route, die nach einiger Zeit an den Nerven zerrte, die nicht befriedigte, denn soviel man auch sah, es blieben immer nur Bruchteile des ganzen Brasiliens, die sich nicht zusammenfügen wollten.

Wieviel mehr Kopfzerbrechen mußte das Land den beiden systematisch arbeitenden Wissenschaftlern bereitet haben, die sich nicht mit dem Flugzeug, sondern mit Trägern und Maultieren vorwärtsbewegten. Brasilien stellte höchste Anforderungen.

Als sie in Pará an der Amazonasmündung eintrafen, war ihre Tier- und Pflanzensammlung bereits in solchem Umfang angewachsen, daß ein normales Menschenleben nicht ausgereicht hätte, all die Säugetiere, Vögel, Amphibien, Fische, Insekten, Krebs- und Spinnentiere und die Tausende von neuen Pflanzenarten zu beschreiben und zu klassifizieren. Doch Martius sollte auch diese Aufgabe bewältigen. Die nächsten achtundvierzig Jahre bis zum Ende seiner Tage vertiefte er sich in die Flora des tropischen Südamerika, die *Flora brasiliensis*. Der Grundstein seines Lebenswerkes war gelegt.

Weniger starke und ehrgeizige Charaktere als Martius hätten sich in Pará zur Rückkehr nach Europa entschlossen und sich einschiffen lassen, und zunächst war der

Hafen an der Amazonasmündung auch das Ziel seiner Träume gewesen. Aber nun lag der mächtige Strom verlockend vor ihm. «*Jene reichste und wundervollste Natur, welche sich unter den Segnungen des Äquators ausbreitet stand uns offen*», hatte er in seinem Tagebuch notiert.

War nicht einige Jahre zuvor auch Alexander von Humboldt in die Regenwälder vorgedrungen? Nein, den Amazonas durfte er sich nicht entgehen lassen. Er mußte in die Tiefe des Kontinents bis an die Grenzen des unermeßlichen Reiches vordringen, und die lagen Tausende von Kilometern flußaufwärts, wo genau, wußte so recht niemand.

In Pára hatten Spix und Martius die Boote mit Lebensmitteln, Arzneimitteln, Munition und Fischernetzen beladen. Für die Indianer hatten sie Beile, Macheten, Angelhaken, Spiegel, Glasperlen und grobes Baumwollzeug als Tauschwaren eingepackt. Und dann hatten sie die nächsten drei Monate doch nur akkulturierte Indianer getroffen, die unter der Aufsicht von Fazenderos oder Missionaren lebten und arbeiteten.

Viel zu selten war die Begegnung mit den unberührten Naturvölkern gewesen, von denen sie soviel gehört hatten. Die Tänze und Trinkfeste, die sie erlebt hatten, waren farbenfroh und interessant gewesen, aber sie waren nicht einem natürlichen Zyklus erwachsen, sondern von den portugiesischen Herren initiiert worden. Es blieb der Nachgeschmack fehlender Authentizität. Nur ein Besuch bei den wilden Mura-Indianern, die mit ihren Langbooten den Madeirafluß unsicher machten und nicht seßhaft werden wollten, hatte Martius so recht in Begeisterung versetzen können.

In Porto Ega, dem heutigen Tefé, an der Einmündung des Río Caquetá in den Amazonasstrom, erreichten sie den letzten größeren Vorposten der weißen Kolonisten. Dahinter begann das Land der Abenteurer. In Ega landeten die Sklavenjäger aus den nördlichen Zuflüssen vom Río Putumayo und vom Río Caquetá an. Ein Völkergemisch aus entwurzelten Ticuna, Tukano, Juri, Passé, Coëruna und Miraña hatte sich in der ehemaligen Jesuitenmission angesammelt.

Tefé war auch damals schon ein heruntergekommener Ort, ein Außenposten der Zivilisation, der sich mit Säufern und Huren gefüllt hatte. Solche Orte gibt es auch heute noch überall in Lateinamerika am Rande des Dschungels, trostlose Barackennester, an denen man viel zulange festsitzt, weil die träge Stimmung einlullt, und der Schritt nach vorne in die Wildnis zum Aufgeben regelmäßiger Gewohnheiten für unbestimmte Zeit zwingt.

So blieben Spix und Martius bei allen Nachteilen, die Tefé nun einmal hatte, drei Wochen lang und durchkämmten die reichen Wälder der Umgebung nach unbekannten Tier- und Pflanzenarten. Sie fühlten sich glücklich im Mittelpunkt Brasiliens, und da konnte selbst das schmuddelige Dschungelnest ihre Stimmung kaum trüben.

Ihre Zeit in Südamerika ging zu Ende, und sie hätten zufrieden die Rückreise antreten können. Aber die Indianer im Naturzustand hatten sie noch immer nicht gefunden. Die aufregenden Geschichten der Händler von den Menschenfressern am Río Caquetá kursierten Abend für Abend in den Bars am Flußufer, wo sie ihre Rückkehr mit Cachaça begossen.

Martius träumte von den ungebundenen Wilden, denn er wußte, er würde nie wieder die Gelegenheit haben, an den Amazonas zurückzukehren. Sie mußten sich aufteilen. Spix litt unter starken Malariaschüben, und Martius hatte dem Älteren die kürzere und weniger gefahrvolle Route den Amazonas stromaufwärts bis nach Tabatinga nahegelegt. Er selbst hatte beschlossen, den Río Caquetá zu erkunden, dort lag die *Terra incognita*, deren Schleier selbst der große Humboldt nicht gelüftet hatte.

Inzwischen war ein weiterer Monat vergangen. Die Indianer entlang des Río Caquetá hatten sich auf das Kommen und Gehen seiner kleinen Flotte eingestellt.

Bei den Coëruna und den Juri hatte Martius Federschmuck, Panflöten, Rundschilde aus Tapirleder, Stampfrohre und andere *«Indianische Gerätschaften»* erworben, die schönsten Teile seiner Sammlung kamen hier zusammen.

Aber in den stillen Momenten an Bord, wenn nur die Schläge der Ruderer zu hören waren und die übrige Mannschaft in der Hitze des Tages döste, sehnte er sich nach München zurück. Endlich würde er die gesammelten Pflanzenarten auswerten können.

Er würde sich mit den Kollegen in der Akademie der Wissenschaften austauschen, sie würden ihn hochleben lassen, und der König würde ihn, den geborenen Apothekersohn, in den Adelsstand erheben.

Martius fuhr im Konvoi. Seine Flotte bestand aus sieben Booten, die sich nun alle in Reichweite voneinander bewegten. Die Expedition war auf über sechzig Mann angewachsen. Das größte Boot war ein Holzkahn des Kapitän Zany, den der Mulatte João Bernardo befehligte. Es wurde von zwanzig Indianern gerudert. Der Kahn hatte Handelsware geladen, Kochtöpfe und Messer, Proviant und Munition. Der Proviant bestand aus getrocknetem Fisch, den Martius stromabwärts gegen Salz eingetauscht hatte, und lebenden Hühnern. Getrockneten Fisch mochte er nicht besonders. An das Essen der Indianer würde er sich nie gewöhnen, zumal das Fariña war ihm zuwider und erinnerte an uraltes, knochentrockenes Paniermehl. Das Hühnerfleisch teilte er sich mit Zany und João Bernardo. Die Indianer aßen Fisch, der nun bei einsetzendem Niedrigwasser leicht zu angeln war.

Am heimatlichen Schreibtisch vermutete Martius später, daß ihm auf dieser Route ein anderer Deutscher zuvorgekommen sei. Möglicherweise hatte sich die Expedition des Philipp von Hutten im Jahre 1541 auf der Suche nach El Dorado vom Río Guaviare kommend, bis in die Gegenden des Río Caquetá verirrt.

Als ich die Gegend jetzt betrachtete, schien mir das allerdings wenig wahrscheinlich zu sein, denn der Dschungel, der sich hinter den Ufern erhob, bildete eine undurchdringliche Barriere.

Vor Martius hatte die spanisch-portugiesische Grenzkommission die Gegend besucht, sich aber über den Grenzverlauf nicht einigen können.

Der Río Caquetá hatte seine Quelle im Páramo de Papas, in der Westkordillere der Anden, nicht weit von San Agustín entfernt, einer rätselhaften archäologischen Fundstätte mit gewaltigen Statuen, die in der hügeligen Landschaft verstreut waren. Er teilte seine Wiege mit den beiden bekanntesten Flüssen Kolumbiens, dem Magdalena und dem Caucafluß. Doch während die beiden großen fluvialen Lebensadern nach Norden der Karibik entgegenströmten, suchte sich der Caquetá seinen einsamen Weg nach Osten. Er war der längste Fluß, der in Kolumbien entsprang.

Man unterteilte ihn in die drei Abschnitte des Alto, Medio und Bajo Caquetá. Der Unterlauf begann bei der Einmündung des Río Apaporis und gehörte vollständig zu Brasilien. Auf brasilianischem Staatsgebiet heißt er Río Yapurá und unter diesem Namen war er den Reisenden bis ins zwanzigste Jahrhundert hinein bekannt. Der Río

Caquetá war von seiner Einmündung in den Solimaus seit Beginn des achtzehnten Jahrhunderts erschlossen worden. Es waren Bandeirantes, brasilianische Sklavenjäger, die entlang des Flusses reiche Beute machten. Bevor die Bandeirantes auftauchten, soll es über fünfzig verschiedene Indianervölker an den Ufern des Flusses gegeben haben. Die Brasilianer spielten diese Völker gegeneinander aus und sicherten sich so einen steten Nachschub an Sklaven. Die Indianervölker waren verfeindet. Sie erschlugen sich auf ihren Feldzügen und raubten einander die Frauen. Der Sklavenhandel bot den Anreiz, Feinde gegen Waren eintauschen zu können. Der größte Sklavenmarkt wurde in Tefé abgehalten. Tefé entwickelte sich zu einem Schmelztiegel der Amazonasvölker, denn die Sklavenjäger verschleppten auch Indianer vom Río Putumayo und vom Río Javarí. Das Menschengewirr rief die Missionare auf den Plan. Die Jesuiten versuchten unter Pater Fritz zu Beginn des achtzehnten Jahrhunderts ihren Einflußbereich von Iquitos stromabwärts auszuweiten und gründeten mehrere Missionen.

Der Mittellauf zwischen der Einmündung des Río Apaporis an der heutigen Grenze zu Brasilien und dem Cañon von Araracuara war etwa fünfhundert Kilometer lang. Auf der Nordseite zwischen den Zuflüssen Apaporis und Miritiparaná lebten die Yukuna, noch weiter im Norden am Río Vaupés gab es eine Vielzahl an Tukano-Gruppen. Im Westen schloß sich das Territorium der Miraña an. Die Miraña waren zu Zeiten von Martius die bevölkerungsreichste Gruppe am Río Caquetá. Sechstausend verteilten sich zwischen dem Río Caquetá und dem Río Putumayo. Ihre Westgrenze bildete der Río Yarí, wo sie auf die Karijona stießen, eine Karibensprachgruppe, deren riesiges Jagdgebiet sich bis in das zerfurchte Hochplateau des Chiribiquete erstreckte. Südlich des Río Caquetá lebten die Bora, enge Verwandte der Miraña, deren Zentrum der Cahuinarífluß war. Im Quellgebiet des Río Cahuinarí siedelten die kleinen Gruppen der Muinane und der Okaina. Auf beiden Seiten der Schlucht von Araracuara hatten sich die Andoque festgesetzt. Südwestlich des Río Cahuinarí verteilten sich Huitoto-Gruppen, deren Name sich von dem Karibenwort für «Feind» ableitete. Entlang des Mittellaufes gab es viele Felszeichnungen, doch bis heute wußte man nicht, wer sie hinterlassen hatte. Die Indianer sprachen die Zeichnungen «Göttern» oder «Riesen» zu. Sie glaubten, daß der Fluß in früheren Zeiten dicht bevölkert gewesen war und an den Felsengen riesige Malocas gestanden hätten.

Mit dem Ausbruch des Befreiungskrieges im Vizekönigreich Nueva Granada endete für lange Zeit der Einfluß der Kolumbianer. Die Dokumente der Grenzkommission gerieten in Vergessenheit. Kolumbien war mit sich selbst beschäftigt. Im Mittelpunkt des Interesses standen die Städte der Karibikküste und des Hochlandes, Cartagena, Santa Marta, Santafé de Bogotá. Der Río Caquetá galt als unwirtlich und unzugänglich, eine Gegend, weit weg von den Zentren der Macht, der Salons und des gesitteten Lebens. Dort gab es nichts zu gewinnen, wofür es sich zu kämpfen gelohnt hätte. Eine Ansicht, die sich bis heute bei vielen Kolumbianern gehalten hatte.

Während des gesamten neunzehnten Jahrhunderts blühte der Menschenhandel, trotz des Sklavereiverbotes von Simón Bolívar. Die Händler zahlten ein amerikanisches Messer für einen Säugling, ein Säbel oder eine Axt für ein sechsjähriges Mädchen und ein Gewehr für einen Erwachsenen. Der französische Forschungsreisende Crevaux traf unterhalb von Araracuara auf einen Karijona-Häuptling mit zehn Kavalleriesäbel und vier Kisten voller Spiegel, Äxten und Angelhaken.

Mitte des neunzehnten Jahrhunderts wurde der Tauschhandel ausgeweitet. Mit den Karijona tauschten die Brasilianer Wachs gegen Äxte, Macheten und Spiegel. Die Brasilianer befuhren den Oberlauf des Río Apaporis und die Unterläufe der Flüsse Yarí und Mesai wegen der reichen Quinavorkommen, dem Mittel, um Malaria zu behandeln.

Über den Río Vaupés gelangte in großem Umfang Handelsware in die Region. Die Indianer tauschten Hängematten, Federschmuck, Körbe und Seile gegen Äxte, Spiegel, Angelhaken und Harpunen ein.

Nach den brasilianischen Abenteurern kamen peruanische Soldaten und Kautschuksammler. Mit dem Ende der Kautschukzeit in den dreißiger Jahren des zwanzigsten Jahrhunderts war erheblich weniger Verkehr auf dem Fluß als zu Zeiten von Martius.

12

Nach eineinhalb Stunden erreichten wir die Stromschnellen des Chorro von Cordoba. Das grünlichbraune Wasser wälzte sich über Kaskaden und bildete Schaumkronen. Der Himmel war bedeckt. Wir hörten ein Tosen, zunächst gedämpft, das schnell lauter wurde. Vor dem ersten Katarakt wies uns Belesario an auszusteigen. Er stoppte das Boot an einem kleinen Sandstrand, an einer Einbuchtung des Flusses, wo das Wasser ruhig war. Wir zogen unsere Gummistiefel an. Ich nahm meine Kamera und stieg aus dem Boot.

«Lauft außen herum.» Belesario zeigte auf einen Trampelpfad, der sich vom Strand zu den Felsen hinaufschlängelte. «Wenn ihr euch verlaufen solltet, fragt El Negro, er wohnt dort oben in einer Hütte.»

Ich stieß das Boot vom Ufer ab. Belesario gab Vollgas und steuerte die Nordseite des Flusses an, wo das Wasser ruhiger war und keine Wirbel bildete. Wir kamen an einer leeren Hütte vorbei. Der Pfad stieg an, das Tosen des Wassers nahm an Heftigkeit zu und von oben blickten wir auf ein Ufer, das aus schräg übereinandergeschobenen, aufgeworfenen grauen Felsplatten bestand, so bizarr wie im Eismeer des Malers Caspar David Friedrich.

Hundert Meter vor uns war Belesario angelandet. Wir verließen den Pfad und kletterten über die Felsen auf das Boot zu. Unachtsam blieb ich am Stamm einer angeschwemmten Chambirapalme hängen und riß mir die Haut an den zehn Zentimeter langen spitzen Stacheln auf, die wie Nadeln in Hand und Oberschenkel eindrangen. Ich verspürte keinen Schmerz und schaute fasziniert auf die Wunde. Ich blutete aus millimeterkleinen Ritzen. Doch schon nach wenigen Minuten schloß sich die Haut. Fünfzig Meter stromaufwärts jagte das Wasser schäumend über eine Felsbarriere, die die gesamte Breite des Caquetá einnahm.

El Negro war tatsächlich ein Schwarzer. Mit einem Farbigen hatte ich in dieser Gegend nicht gerechnet. Er war größer als ich, und Belesario erschien neben ihm winzig. Als wir am Boot ankamen, nickte er uns zu. Er war ein baumlanger Kerl, ein brasilianischer Caboclo, der jeden Felsen im Fluß kannte. Belesario wollte das Boot mit Lianen an den Felsen vorbeiziehen.

«Vertrau mir», sagte El Negro, «ich geleite dich sicher durch die Stromschnellen. Wir müssen keine Cabuyaje machen.»

Wir luden nun das übrige Gepäck und die Benzinkanister aus. Besorgt schaute ich auf den undichten Kanister, aus dem erneut das Benzin tropfte. Belesario dichtete ihn mit blauer Schmierseife ab, die er im Heck unter dem Außenborder neben einer zweiten Hose, einem Ersatzhemd, einer Zahnbürste und einer Handvoll Angelhaken aufbewahrte.

In diesem Moment tauchte ein weiterer Indianer auf und bot uns an, die Kanister hinüberzutragen. Als Gegenleistung forderte er zwei Gallonen Benzin. Nur ungern wollte ich von unserem Benzinvorrat etwas abgeben, der sich bereits jetzt zu verflüchtigen schien. Schließlich lagen noch einige hundert Kilometer vor uns.

«Das ist mein Bruder Ignacio», sagte Belesario.

Ignacio stand in Shorts vor mir mit nackter Brust und Sportschuhen ohne Schnürsenkel an den Füßen. Er war noch kleiner und schmaler als Belesario und hatte hervorstehende Backenknochen und ein Hohlkreuz. Er legte die Arme über die Schultern nach hinten und zog einen der Zwanzig-Gallonenkanister auf seinen Rücken. Es nieselte. Ignacio kletterte behende über die glitschigen Felsen und war nach wenigen Minuten hinter den Bäumen verschwunden. Schwerfällig und umständlich transportierte ich mit Freddy den zweiten Zwanzig-Gallonenkanister. Durch den Tragegriff hatten wir eine Holzstange geschoben. Ich lief vorneweg und spürte wie Freddy nur mühsam Schritt halten konnte. Das Holz drückte schwer auf unseren Schultern.

Freddy rief von hinten: «Nicht so schnell!» Er hatte einen roten Kopf und Schweißperlen auf der Stirn. El Negro war zu Belesario ins Kanu gestiegen und hatte sich an den Bug gesetzt. Belesario warf den Außenborder an und steuerte auf die Felsbarriere zu. Das Kanu schoß durch die Stromschnellen, während El Negro vornübergebeugt den Kurs mit dem linken Arm dirigierte. Ein Ausweichen oder Korrigieren der Fahrt war nun nicht mehr möglich, aber El Negro geleitete das Kanu sicher durch die Stromschnellen.

Das Rauschen der Strudel lag hinter uns. Wir ließen die Kanister an einem Flußbecken, das sich vor den Katarakten aufgestaut hatte, erschöpft und durchgeschwitzt von den Schultern gleiten.

Neben uns spielten zwei rosa Delfine. Sie tauchten behäbig und prustend auf. Die Indianer nannten sie *bufeo*.

Im Río Caquetá leben zwei unterschiedliche Arten. Der rosa Delfin ist fast blind, hat aber ein perfektes Radarsystem, um seine Beute aufzuspüren. Mit Vorliebe hält er sich in der Nähe von Stromschnellen auf, weil er hier die Fische leicht erbeuten kann, die in der wilden Strömung die Orientierung verlieren. Der etwas kleinere graue Delfin ist weiter verbreitet. Er lebt auch jenseits der großen Wasserfälle und in den nährstoffarmen Schwarzwasserflüssen.

Belesario füllte seinem Bruder das Benzin in den Tank. Am Kanu von Ignacio hing ein 8 PS-Suzuki Motor ohne Abdeckung. Ignacio schraubte an dem Motor herum, der knatternd in Bewegung kam und eine bläuliche Qualmwolke ausstieß. Belesario lächelte. Dann setzten wir die Fahrt fort.

13

D*«urch die Strömungen hindurchzurudern war ein Ding der Unmöglichkeit»*, schrieb Martius.

Doch hatte die Expedition Glück, die Boote nicht über die glatten und steilen Felsen tragen zu müssen. Die Boote wurden vollständig entladen, und die Indianer trugen das Gepäck auf dem Rücken zu der hinter dem Fall gelegenen Sandspitze. Martius wartete ab, bis seine Bücherkiste und das sorgfältig angelegte Herbarium sicher die andere Seite des Chorros erreicht hatten. Dann begab er sich mit João Bernardo zum Nordufer stromabwärts, um den Cerro de Yupati zu besuchen.

Mehr als die langwierige und mühselige Cabuyaje, das Aufwärtsziehen der Boote über die Stromschnellen mittels langer Lianen, die zwanzig Meter lang werden und geschmeidig und reißfest wie die besten Seile sind, interessierte ihn die Geologie des Berges, der nach den Berichten der Indianer Gold und Edelsteinen enthalten sollte.

Martius entdeckte keine Reichtümer, «nichts als wertloser Sandstein mit einigen unreinen Bergkristallen», sagte er zu João Bernardo, «diese Gegend ist arm an Mineralien und wird arm bleiben.»

Die geologischen Untersuchungen hatten viel Zeit gekostet, und plötzlich war die Nacht hereingebrochen, ein heftiger Regen setzte ein, und nur unter größten Schwierigkeiten gelangten sie im Fackelschein der indianischen Träger über die glitschigen Felsen entlang der Stromschnellen ins Lager.

Erst jetzt war Martius bewußt geworden, daß er weiter

vorgedrungen war als je ein Naturforscher vor ihm. Der Gedanke versetzte ihn in Euphorie, und seine Begeisterung hatte seine anfängliche Furcht vor den Indianern, die er am Mittellauf des Caquetá allesamt für Menschenfresser hielt, verdrängt.

Er schrieb: «*Ich durfte annehmen, mich jetzt in einem vom Hauche europäischer Zivilisation noch unberührten, den Ureinwohnern America's unbestrittenen Lande zu befinden.*»

14

Der Flußlauf des Río Caquetá war dichtbewachsen. Ein Lianenteppich ragte bis ins Wasser hinein. Wir hielten uns zunächst am Südufer. Wenn der Fluß eine seiner weiten Biegungen machte, wechselte Belesario die Seite, so daß wir stets in nächster Nähe des Ufers fuhren. So wichen wir treibenden Bäumen aus und verbrauchten weniger Treibstoff, da die Strömung in Ufernähe schwächer war.

Die Wolkendecke war aufgerissen, und die Sonne kam strahlend hervor. Wir zogen unsere Regencapes aus und machten es uns auf dem Kanu bequem. Angelehnt an unser Gepäck schauten wir auf die Bäume und hatten nur das regelmäßige Geräusch des Außenborders im Ohr.

Ein Hokko, ein truthahngroßer schwarzer Vogel mit roter Knollennase, hüpfte, vom Außenborder aufgeschreckt, von einem Ast ins Unterholz. Majestätisch flog ein großer Graureiher vor dem Boot aus dem Uferdickicht auf. Seine Flügelspitzen schlugen vier-, fünfmal hintereinander auf die glatt daliegende Wasserfläche, auf der sich Kreise bildeten. Nur langsam gewann der Vogel an Höhe und überquerte den Fluß in seiner ganzen Breite. Er verschwand mit den langen Stelzen schlenkernd wie eine Holzmarionette in der dichten Krone eines hohen Baumes.

Ein türkisgrüner Iguana mit einem mächtigen Kehlsack und einem wild gezackten Rückenkamm sonnte sich auf einem ins Wasser ragenden Baumstamm, an den wir den Einbaum gelenkt hatten, um aufzutanken. Die Echse sauste kopfüber ins Wasser.

Der Caquetá verzweigte sich in Seitenarme. Wir fuhren an Flußinseln vorbei, die dicht bewaldet waren. Die Sonne ging unter und wurde vom Mond abgelöst, der silbrig-glänzend durch die vereinzelten Wolken schien und sich im Fluß spiegelte. In seinem Licht fuhren wir noch zwei Stunden. Es war kühl geworden. Ich hatte mir den Pullover über das Regencape gezogen, um den Fahrtwind abzuhalten. Belesario steuerte das rechte Ufer an. Schweigend nahmen wir die Rucksäcke aus dem Boot und liefen die Böschung hinauf.

Ich stolperte über eine verrostete Meßlatte des hydrographischen Institutes und erreichte nach wenigen Metern hinter dichtem Gestrüpp eine vom Mondlicht beschienene Hütte auf einer gerodeten Fläche. Die Hütte stand auf eineinhalb Meter hohen Pfählen. Ein Hund schlug an. Über eine Leiter aus Bambusholz kletterten wir auf die Plattform. Ein winziger alter Indianer lag in der Hängematte, beschienen von einer flackernden Kerosinleuchte und murmelte.

«Abuelito, träumst du oder bist du krank», fragte ihn Belesario.

Die Antwort verstand ich nicht. Belesario gab dem Großvater zwei Aspirin. Der Alte baute geschwind die Hängematte ab und begab sich, ohne uns anzublicken mit der Lampe in der Hand in einen durch einen Vorhang abgetrennten Verschlag.

Ich holte die Taschenlampe heraus und befestigte die Hängematte an den Querbalken des Daches. Freddy und ich teilten uns das letzte Brot und eine Dose Thunfisch. Auf dem Tisch stand eine Schüssel gefüllt mit tagealtem stinkendem Fischsud, in dem sich Hunderte von Insekten tummelten, einige noch lebend andere ertrunken. Wir aßen schweigend weit abseits des Tisches.

«Eine gute Erfindung, so eine Hängematte», sagte ich zu Freddy, «wer weiß was alles auf dem Fußboden kriecht.»

Zancudos und Moskitos plagten uns ohne Unterlaß und bissen durch Hemd und Hose. Wir schlugen uns, während wir aßen, mit einem Handtuch auf die Schultern und den Rücken. Ameisenkolonnen marschierten über den Boden, die beiden Holzschemel und den Tisch. Der Großvater hustete die ganze Nacht. Durch die Ritzen des Verschlages drang schwach das orangene Licht der Kerosinfunzel.

In dieser Nacht fand ich kaum Schlaf. Freddy wälzte sich in der Hängematte hin und her und jede seiner Drehungen ließ auch meine Hängematte erzittern. Ich träumte von dichtbehaarten Mordfliegen, die sich auf Moskitos stürzten und ihnen die Flügel ausrissen, während der alte Indianer schallend lachte. Dann setzte ein Gewitter ein.

Als ich am Morgen erwachte, entdeckte ich ein vielleicht fünfjähriges Mädchen hinter dem Vorhang, das mich mit großen Augen anblickte. Ich gab ihm einen der kleinen bunten Handspiegel. Seine Augen wanderten zwischen seinem Spiegelbild und mir hin und her. Die Beine des Kindes waren mit Moskitostichen übersät.

Belesario war im Boot geblieben. Er sah übermüdet aus. Wir fühlten uns nicht besser. Die nächtlichen Regenfälle hatten das Boot beinahe unter Wasser gesetzt. Der Bootsrand hatte sich in eine Ameisenstraße verwandelt.

«Nichts wie weg hier», sagte ich, nachdem sich einige der schwarzen Ameisen in meiner rechten Handfläche verkrallt hatten.

«Wir Indianer können hier nicht schlafen. Ich wußte nicht, daß es euch Weißen ebenso geht.»

Belesario schnitt den Boden einer leeren Motorölflasche ab und setzte den Hals wie einen Trichter auf den Tank. Behutsam schüttete ich Benzin aus einem der Zwanzig-

Gallonenkanister nach.

«Warum lebt der Großvater hier allein mit seiner Enkelin?» fragte ich Belesario.

Belesario legte den Trichter zur Seite und schraubte den Benzintank zu.

«Das ist sein Platz. Er war der Wächter des Feuers. Die Bora und Miraña hatten früher kein Feuer, weder Fackeln noch Licht. In der Nacht verirrten wir uns im Wald, weil wir die umgestürzten Bäume und Erdlöcher nicht sahen. Wir konnten die Yuka und den Chontaduro nicht kochen.

Unser Schamane überlegte, wie wir an das Feuer kommen könnten. Er lud die Verstorbenen, die sich in die Tiere des Waldes verwandelt hatten, in die Maloca ein.

Der Kolibri sagte, er kenne den Besitzer des Feuers. Es sei der kauzige Alte, der allein mit seiner Enkelin flußabwärts lebe und die Menschen mied. Er würde versuchen, den mißtrauischen Alten zu überlisten.

Der Kolibri verwandelte sich in die Frucht der Chambirapalme, ließ sich in den Fluß fallen und trieb stromabwärts, bis er die Hütte des Alten erreichte. Als er dort angekommen war, verwandelte er sich wieder in einen Vogel. Er schlug wild mit den Flügeln und wäre fast ertrunken, aber die kleine Enkelin sah den hilflosen Vogel und rettete ihn.

'Sieh nur Großvater', sagte sie, 'was für ein wunderschöner Vogel. Darf ich ihn behalten?'

Der Großvater, der seine Enkelin über alles liebte, gewährte ihr diesen Wunsch. Das hatte der Kolibri vorausgesehen. Sein Gefieder war naß, und er zitterte vor Kälte. Der Großvater holte das Feuer, an dem das Mädchen den Kolibri wärmte.

Der Großvater wurde müde, legte sich in die Hängematte, begann zu singen und schlief ein. Der Kolibri pickte die Glut auf und flog davon. Als der Großvater erwachte und sah was geschehen war, versuchte er den Kolibri einzufangen, doch er war bereits im Dickicht des Waldes verschwunden. Der Kolibri flog in die Maloca und spie die glimmenden Späne vor dem Schamanen aus. Der Schamane nahm den Zunder und legte ihn unter trockene Bambonarinde. Er blies hinein und gebar das große Feuer.»

«Das klingt ja wie ein Kindermärchen, Kolibris die sich in Früchte verwandeln, glaubst du das?» sagte Freddy.

«Die Indianer leben in einer Welt ständiger Verwandlungen. Nichts ist eindeutig. Ein Fisch kann eine Frau, der Fluß eine Schlange, der Jaguar ein Schamane sein. Dann kann sich ein Kolibri auch in eine Chambirafrucht verwandeln», antwortete ich.

15

Wir setzten die Fahrt fort. Die Sonne wärmte uns. Ich verrührte Haferflocken, Milchpulver und Wasser. Ich bot Belesario einen Teller an, aber er schaute an mir vorbei auf den Fluß. Kaimane lagen dösend in den Uferböschungen. Ich machte es mir auf dem Boot bequem. Gegen elf Uhr erreichten wir das erste Dorf der Miraña, Maria Manteca, auf der rechten Uferseite. Anders als in La Pedrera standen die Hütten nicht eng beisammen, sondern waren getrennt durch Palmen und Platanostauden entlang der Wasserfront, Hunderte von Metern voneinander entfernt. Ihre Palmendächer schauten zwischen den Baumkronen hervor. Belesario hielt an einer Treppe, deren Stufen in den Boden der steilen Uferböschung gestampft waren.

Wir betraten eine Hütte auf Pfählen, die aus einem einzigen großen offenen Raum bestand. Hier wohnte Dario, ein Schwager von Belesario, mit seiner Familie. Er lag nur mit einer Unterhose bekleidet in der Hängematte. Er war fett und erinnerte mich in seiner Leibesfülle an Marlon Brando im Slip. Am Handgelenk trug er eine Uhr aus Goldimitat. Vor ihm plärrte ein Kofferradio. Er hatte einen Säugling im Arm.

«Das ist mein Sohn», sagte er stolz.

In dem Moment pinkelte das Baby. Der Strahl traf Dario, und der Urin lief an ihm hinunter. Dario lachte.

«Ein echter Macho. Habt ihr schon gefrühstückt?» lud er uns ein.

«Haferflocken mit Milchpulver», sagte ich.

«Haferflocken mit Milchpulver», wiederholte er in einer Mischung aus Verachtung und Belustigung, «das ist das Frühstück der Weißen. Damit werdet ihr im Dschungel nicht weit kommen. Hier essen wir Tapirfleisch zum Frühstück. Das gibt Kraft.»

Wir setzten uns mit Belesario an den Tisch. Darios Frau reichte uns einen Teller mit einigen Stücken Fleisch, die schwarz waren wie Holzkohle. Sie hatte sie zunächst gekocht und dann gebraten. Das Fleisch war ziemlich zäh und schmeckte fade. Wir nagten den Knochen ab und tranken dazu lauwarmen Kakao. Eine Gruppe junger Männer im Fußballdress hatte sich eingefunden und begleitete uns zum Capitán. Wir betraten seine Hütte. Er saß auf dem Boden. Wir setzten uns im Schneidersitz ihm gegenüber. Der Capitán war ein Männlein mit eingefallenem Brustkorb, das uns schweigend anblickte. Einige Augenblicke passierte nichts. Ich suchte nach einleitenden Worten. Ich war müde und unkonzentriert. Der Río Caquetá warf die reflektierenden Strahlen der Sonne in mein Gesicht. Ich überlegte, was der Capitán von uns erwartete, ein Gastgeschenk, eine wortreiche Erklärung oder ein Begrüßungsritual. Der Junge mit der Rückennummer «10» kam uns zu Hilfe und sagte:

«Ihr müßt euch vorstellen.»

Es war wie eine Regieanweisung.

«Wir wollen das Land der Bora und Miraña kennenlernen, um zu erfahren, wie man im Einklang mit der Natur lebt», begann ich stockend. Meine Worte zeigten keinerlei Wirkung. Ich kam nicht in Schwung. Der Capitán schwieg. Fragend schaute ich Freddy an.

«Am besten wir geben ihm das ONIC-Schreiben, da steht drin, was er hören will», sagte Freddy und holte das Empfehlungsschreiben aus seiner Bauchtasche. Ich reichte es an den Capitán weiter, der es der Nummer «10» gab. Der Junge verlas das Schreiben.

Nationale Organisation der Indianer Kolumbiens

Liebe indianische Brüder,

Wir bitten Euch dort im fernen Amazonas den Gefährten Freddy Fisher, einen Reisenden aus Wales, mit offenen Herzen aufzunehmen. Seine Vorfahren sind die Ureinwohner von Wales, denen man das Land geraubt hat. Er ist aus dem kalten Europa gekommen und möchte sich an der millionenfachen Schönheit unserer unerschöpflichen Natur und der Wärme unserer Menschen erfreuen, den Reichtum unserer unermeßlichen Tier- und Pflanzenwelt kennenlernen, die die Quellen unserer Erde und unseres indianischen Lebens sind.

Abababó
(Präsident)

Der Indianer hatte den Text wie ein Gedicht rezitiert. Wir hatten alle andächtig zugehört. Die Miene des Capitán belebte sich, als er die Worte *«millionenfache Schönheit und Wärme unserer Menschen»*, hörte. Er ließ die Zeile nochmals verlesen.

Die Indianer besprachen sich.

«Ihr könnt weiterreisen», sagte die Nummer «10». «Wir werden Capitán Boa mitteilen, daß ihr willkommen seid.»

Er bat mich um Papier und Stift. Ich riß eine Seite aus meinem Notizbuch. Sorgfältig wie ein Kalligraph malte die Nummer «10» die Buchstaben auf das Blatt, während ihm die anderen über die Schulter blickten. Er faltete das Schreiben wie die stille Post aus Kindertagen und gab es Belesario, der es in die Hosentasche steckte. Wir fuhren weiter nach Puerto Remanzo. Die Sandstrände an der Südseite des Caquetá waren riesig. Wir passierten die Spitze einer Flußinsel. Belesario steuerte das Nordufer an. Die senkrechten Böschungen wurden zusehends höher. Im Lehm waren faustgroße Löcher auszumachen. Das waren Fischnester, die in der Regenzeit unter Wasser lagen. Lianengestrüpp und Luftwurzeln bildeten ein schattiges Dach am Ufer, unter dem wir hindurchfuhren.

Die Dschungelfront lichtete sich und gab den Blick auf einige Hütten frei. Am Rand der Uferböschung stand eine Gruppe Indianer, die uns neugierig hinterherschaute, während wir langsam an der Ortschaft vorbeituckerten.

Belesario drosselte den Motor und bog in die kleine Quebrada am Ende des Dorfes ein. Es war früher Nachmittag. Die Frauen standen im hüfthohen Wasser und wuschen ihre Kleider. Die Kinder planschten vergnügt und sprangen von der Böschung. Belesarios Töchter begrüßten strahlend ihren Vater. Wir hatten das Land der Bora und Miraña erreicht.

16

«Wir müssen die Benzinkanister ausladen», sagte Belesario, «Benzin kann leicht verlorengehen.»

Vom Anleger trugen wir die Kanister die Anhöhe hinauf zu seiner Hütte. Von dort führte der Weg weiter am Flußufer entlang zu einem Platz, auf dem Fußball gespielt wurde.

Die Bora und Miraña veranstalteten ihr jährliches Turnier. Sie waren aus Maria Manteca und den flußaufwärts liegenden Siedlungen San Francisco und Santa Isabel gekommen, die meisten im Einbaum, nur wenige mit dem Motorboot. Andere stammten vom Río Miritiparaná und waren die Trocha entlanggelaufen, die zum Río Caquetá führte.

Eine Kinderschar begleitete uns bis zu einer kleinen schiefwinkligen Tribüne aus lockeren Holzstämmen, auf denen sich etwa zwanzig Indianer verteilten, die das laufende Spiel lachend kommentierten. In ihrer Mitte saß Capitán Boa, ein athletischer Mittdreißiger mit markant vorstehenden Backenknochen und durchdringenden Augen. Er war der einzige, der eine Baseballmütze trug. Ich ging auf ihn zu, um uns vorzustellen, aber bevor ich noch mit den einführenden Worten beginnen konnte, die ich mir seit Maria Manteca sorgfältig zurechtgelegt hatte, sagte er: «Jetzt ist Fußball!» stieg von der Tribüne und ging zur Stirnseite des Spielfeldes.

Freddy drehte das inzwischen zerknitterte ONIC-Empfehlungsschreiben zwischen den Fingern und murmelte: «*Good, a good day.*»

Hinter der Tribüne stand ein Caimobaum. Behende kletterten zwei Jungen hinauf und drückten uns eine zitronengroße Frucht in die Hand. Die Schale war glatt und wächsern. Wir rissen sie mit den Zähnen auf. Das Fruchtfleisch schmeckte köstlich milchig und war von einer transparenten weißen Farbe.

«Wer eine Frucht aus der Hand des Feindes nimmt, wird sterben.» Dieser Satz von Whiffen schoß mir durch den Kopf. Auch wenn ich ihn reichlich übertrieben fand, verstärkte er doch mein Gefühl, nicht willkommen zu sein.

«Können wie bleiben?» fragte ich Belesario.

Er gab mir keine Antwort und führte uns statt dessen die schmale Treppe hinauf in die Schule auf der gegenüberliegenden Seite des Platzes. Es war ein langgestrecktes Gebäude mit mehreren nebeneinander liegenden Räumen, die über einen Außengang betreten wurden. Durch die Tür- und Fensteröffnungen wehte ein schwacher Luftzug, so daß es kühler als unter freiem Himmel war. In dem Raum, in den wir einzogen, waren Schulbänke aufeinandergestapelt. An der Wand war eine Kinderzeichnung der Maloca, des Gemeinschaftshauses, das wir bis jetzt noch nicht gesehen hatten.

Den Nebenraum bewohnte während der Festtage die über neunzigjährige Tante Belesarios mit ihrer Familie. Mit dem Reisigbesen in der Hand kam sie zu uns herein. Sie sprach in der monotonen und kehligen Sprache der Bora. Schnell fegte sie den Raum aus. Mir fielen die Löcher in ihren Nasenwänden auf, in denen Holzstöckchen steckten. In den stark geweiteten Ohrläppchen hingen vertrocknete Vanillezweige.

Wir hatten Hunger. Ich fragte die Tante nach einer Kochgelegenheit und zeigte auf unseren leeren Topf. Sie führte mich zu einer Kochstelle am Ende des Ganges. Dort stand ein großer Kasten auf vier Stümpfen, gefüllt mit getrocknetem Lehm. Von der Decke hing ein Lianenband, an dessen Ende ein Haken aus einer Fischgräte befestigt war. Der Topf wurde mit dem Bügel eingehängt, damit er direkt über dem Feuer schwebte.

Es gab nur wenig Feuerholz, und die Alte brach einige Matten aus Bambona aus der Rückwand der Küche. Das trockene Holz war ideal zum Feuermachen. Überall entdeckte ich Löcher in den Wänden. Die Schule war das einzige Gebäude im Dorf, das mit einem Wellblechdach versehen war. Das Dach über der Kochstelle war, wie alle übrigen Hütten, mit Blättern der Puipalme gedeckt. Von dem Kochraum führte ein kleiner Steg auf die Rückseite zu einem tausend Liter fassenden hellblauen Wassertank, in den das Regenwasser über eine Dachrinne hineinfloß. Der Tank war mit einem Filter versehen, eine Schenkung der Staatslotterie.

Als ich mit dem dampfenden Spaghettitopf zurückkam, war Freddy noch immer damit beschäftigt, die Hängematte zu befestigen. Auf den Schulbänken hatten sich mehrere Indianer niedergelassen, die Freddy dabei beobachteten, wie er versuchte, die Seile der Hängematte über den Querbalken zu werfen. Nachdem er sie verknotet hatte, warf er sich hinein. Die Hängematte löste sich, und Freddy landete mit einem lauten Knall auf dem Fußboden, rief *«Fuck it!»* und versuchte aufzustehen. Die Indianer grinsten.

«Eine gelungene Vorstellung mit der man Indianerherzen erobert», sagte ich.

Ein Junge befestigte die Hängematte fachmännisch am Balken. Wir stürzten uns auf die Spaghetti, die unsere Besucher wenig interessierten. Sie ließen den Blick über unsere Sachen schweifen, die wir aus unseren Rucksäcken gepackt hatten und die durcheinander auf dem Lehrerpult lagen. Die alten Frauen bestaunten die Moskitonetze, die wir über die Hängematten gezogen hatten. Sie zwirbelten mit ihren Fingern an der Baumwolle, wie man einen feinen Stoff prüft, und besprachen sich aufgeregt. Sie strichen über meine karierte Hängematte aus grobgewebter Baumwolle, die ich in Manaus für ein Paar Dollar erworben hatte. Am falschen Ende gespart, denn sie war mein schwerstes Gepäckstück, und insgeheim beneidete ich Freddy um seinen leichten Chinchorro. Das fanden wohl auch die Bora- und Miraña-Frauen, die kunstvoll leichte Hängematten aus Fasern der Chambirapalme knüpften. Ihnen konnte ich meine Hängematte kaum zum Tausch anbieten.

Die Männer nahmen unsere Macheten in die Hand und strichen mit Kennerblick über die Klinge. Wir hatten in Leticia das Garza-Modell aus poliertem rostfreien Edelstahl gekauft, während die Indianer leichte und schnell rostende Macheten verwendeten.

«Zu schwer und schlecht zu schärfen», bemängelten sie, «solche Macheten benutzt nur die Guerrilla.»

Dann wandte sich ihr Interesse Freddys Arm- und Brusthaaren zu, an denen sie lachend zogen, und schließlich ging Freddys Kirchenkerze von Hand zu Hand. Sie tuschelten:

«Die Kerze gehört dem Barrigudo, dem Wollaffen.»

17

Die Nacht war hereingebrochen, und der Sternenhimmel des Südens breitete sich aus. Der Platz vor der Schule, den eben noch die lachenden und schwatzenden Indianer belebt hatten, war wie leergefegt. Ich ging hinaus. Eine Brise kam vom Fluß. Die beißenden Jején waren verschwunden. Ich setzte mich auf die Tribüne. Der Río Caquetá lag ruhig da. Fische sprangen aus dem Wasser und hinterließen sich ausbreitende Kreise auf der Oberfläche. Über meinem Kopf hörte ich den hurtigen Flügelschlag kleiner Fledermäuse, die im Zickzack zwischen dem Flußufer und dem Wald hin- und herflogen. In den Sträuchern der Uferböschung blinkten Leuchtkäfer.

Am nächsten Tag sollte die Versammlung der Bora und Miraña über unseren Verbleib und die Weiterfahrt entscheiden.

Martius hatte Porto dos Miranhas am 20. Januar 1820 erreicht. Die alte Ansiedlung, die der Dschungel längst verschluckt hatte, war der letzte vorgeschobene Siedlungsposten der Brasilianer gewesen, kein indianisches Dorf wie heute Porto Remanzo. Die Häuser waren aus Adobewänden und reihten sich geordnet entlang des Ufers, in ihrer Anordnung nicht einmal so verschieden von den heutigen brasilianischen Siedlungen. Obwohl er einen brasilianischen Handelsposten betrat, empfand Martius bei seiner Ankunft ein Gefühl der Leichtigkeit, wie es sich einstellt, wenn man die bekannte Welt hintersichläßt und die neue noch nicht betreten hat. Er hatte die wilden Indianer gefunden, nach denen er die ganze Zeit gesucht hatte. Die Miraña waren dunkelhäutig, die Männer trugen einen weißen Schurz aus Tauiri-Bast, die Frauen waren nackt. Sie durchbohrten ihre Nasenflügel und die Ohrläppchen. Sie steckten sich Holzzylinder und Muscheln in die Öffnungen. Sie schliffen ihre Zähne wie die Zahnreihen der Piranhas. Sie waren unabhängig und selbstbewußt, ganz anders als die aldeierten und akkulturierten Indianer, denen er zuvor begegnet war. Martius registrierte *«eine Lebhaftigkeit, eine heitere lärmende Beweglichkeit, die gar sehr von der traurigen Gravität abstach»*, womit er gewöhnlich von Indianern aufgenommen wurde.

Capitán Boa und seine Familie lebten in der Maloca, dem Gemeinschaftshaus. Die Maloca lag nicht direkt am Río Caquetá, sondern einige hundert Meter landeinwärts, an der Quebrada El Tigre, die kaum noch Wasser führte. Ein Indianerjunge paddelte uns mit einigen Schlägen hinüber. Die Maloca erschien wie ein umgestülpter, gewaltiger Schiffsrumpf, der in den Himmel ragte, aber das war nur ein unzureichender Vergleich. Solch ein monumentales Bauwerk inmitten des Dschungels überraschte mich. Sein Anblick löste in mir das Gefühl aus, etwas zu betrachten, das nicht von dieser Erde sei.

Die Maloca war über zehn Meter hoch. Das Dach war tief hinuntergezogen und mit geflochtenen Palmenmatten gedeckt. In die rundum laufende Seitenwand waren Figuren geschnitten. Eine Sonne, ein Adler, ein Fisch, ein Paddel. Der Eingang glich einer Einstiegsluke und wurde mit einer Flechtmatte geschlossen, die an der Außenwand lehnte. Andächtig betraten wir den Innenraum. Das Licht in der Maloca war gedämpft. Die Sonnenstrahlen fielen schräg durch die beiden sich gegenüberliegenden Luken im Dachgiebel, verbreiterten sich nach unten und trafen auf den harten Lehmboden. In ihrem Licht schwebten Staubkörner. Das Dach wurde von vier Stützbalken getragen. Es war angenehm kühl und roch erdig. Der riesige Innenraum war beinahe leer. In einer Ecke lagen einige T-Shirts und zwei Kochtöpfe. Leichte Hängematten aus Palmenfasern waren an die Balken geknüpft. An einem der Balken lehnte eine Yukareibe, ein flaches Holz mit einer Vertiefung, in der die Zähne von Brüllaffen steckten.

Die Maloca war der Mikrokosmos der Welt. Ihr Standort war nach dem Lauf der Sonne ausgerichtet, so daß die einfallenden Strahlen wie eine Sonnenuhr den Gang von Ost nach West beschrieben.

Boa hatte uns warten lassen und mit einer knappen Handbewegung in die Ecke des Ältestenrates befohlen. Er nahm auf einem flachen Holzschemel Platz und wies mir und Freddy die beiden gegenüberliegenden Schemel an. Belesario stellte sich neben mich. Die übrigen Männer des Dorfes bildeten einen dichten Kreis um uns. Hinter den älteren standen die jüngeren Männer. Die Frauen und Kinder blieben im Hintergrund. Alle Sitzungen waren öffentlich. Es gab keine Geheimnisse.

«Was wollt ihr bei uns? In wessen Auftrag reist ihr?» begann Boa das Gespräch.

Ich benutzte die Worte, die auf den Capitán von Maria Manteca so einen großen Eindruck gemacht hatten und überreichte Boa das Empfehlungsschreiben. Boas Gesicht blieb unbewegt, als er sich die Brille reichen ließ, um das Schreiben laut zu verlesen. Dann legte er es zur Seite, nahm die Brille ab und schaute mich mit durchdringenden Augen an. Mit fester Stimme sagte er:

«Eine Organisation in Bogotá bestimmt Dinge, die nur uns etwas angehen. Die Rechte der Indianer sind wieder einmal nichts wert. Die Inderena schreibt uns vor, wann wir am Cahuinarí jagen dürfen. Fischer aus La Pedrera und Araracuara tauchen mit ihren Kühlbooten auf und plündern unsere Flüsse. Forscher streifen durch unser Land, sammeln unsere Pflanzen ein, ohne uns zu fragen. Was seid ihr? Reisende? Seid ihr nicht auch Forscher? Ihr Gringos wollt doch immer alles ganz genau wissen, unsere Sprache, unsere Tänze, unsere Vorstellungen von der Welt, alles studiert ihr. Wenn ihr aber keine Forscher seid, dann seid ihr *aventureros*.»

Es war ein aufregender Gedanke, in den Augen des Capitán als Abenteurer und nicht als Wissenschaftler zu gelten, aber das Wort *aventureros* hatte bei den Bora und Miraña einen bitteren Beigeschmack, den Beigeschmack brasilianischer Sklavenjäger. Ich wollte nicht in dieser Tradition stehen; da ging es mir nicht anders als Martius. Ich begann meine Reisegeschichte zu erzählen.

«Ich bin von Manaus nach Tabatinga den Amazonas hinaufgefahren, zehn Tage lang, Tag und Nacht. Abgebrochene Ufer, verbrannte Erde, zerstörte Waldflächen, unglückliche Caboclos habe ich gesehen. Außer den Geiern gibt es keine Tiere mehr an den Flußufern.

Ich bin bei den brasilianischen Carajá-Indianern gewesen. Ihr Reservat liegt auf der Ihla do Bananal am Río Araguaia, an der Grenze der beiden Bundesstaaten Goias und Mato Grosso. Viehzüchter rauben ihnen Tag für Tag ein Stück ihres Landes. Die Männer trinken, die Kinder sind krank. Um nicht zu verhungern, kommen die Frauen in der Trockenzeit jeden Samstag mit ihrem Schiff ans andere Ufer zum überfüllten Strand von São Felix. Dort bemalen sie die badenden Brasilianer nach ihren alten traditionellen Mustern und verkaufen ihre Artesanía. Sie selbst bemalen sich nicht mehr. Nur noch ein kleiner tätowierter

Kreis unterhalb der Augen, das Zeichen ihrer Stammeszugehörigkeit, ist geblieben.

Auch die Ticuna in Puerto Nariño und San Martín de Amacayacu vernachlässigen durch den Handel mit den Artesanía-Geschäften in Leticia ihre Chagras und den Fischfang. Mit ihren Motorbooten kommen sie nach Leticia und kaufen Alkohol ein.

Die Gefahr, die du befürchtest Capitán Boa, droht nicht durch die wenigen Reisenden, die den Río Caquetá entlangfahren. Viel zu beschwerlich ist die Organisation. Die Suche nach einem Boot, das Beschaffen von Benzin kosten viel Zeit. Die meisten Reisenden aus meiner Welt haben keine Zeit.

Wir sind von Leticia nach La Pedrera über den Regenwald geflogen. Wir sahen auf das unendliche und undurchdringliche Grün. Ihr Indianer habt Respekt vor dem Wald, er ist ein Teil von euch, ihr seid ein Teil von ihm. In unserem Land gibt es nichts Unberührtes mehr. Jedes Stück Land, jedes Stück Wald ist vom Mensch eingenommen. Er verwaltet es und es bedeutet ihm nur etwas, wenn er es als Holzreservoir benutzen kann. Der Wald an sich hat keinen Wert, er ist tot, denn man hat ihm das genommen, was ihr allen Bäumen, Flüssen, Tieren, ja selbst Steinen gebt, eine Seele.»

Es war totenstill in der Maloca. Meine Worte hingen im Raum und schienen von diesem Volk gewogen zu werden. Boa durchbrach das Schweigen.

«Wir brauchen die Abgeschiedenheit von der Welt der Weißen, um zu überleben. Aber wir brauchen auch den Kontakt, um die Welt der Weißen zu verstehen. Die Weißen sind schon immer zu uns gekommen und haben ihre Tauschwaren mitgebracht. Einige ihrer Erfindungen haben unser Leben erleichtert. Heute haben wir Streichhölzer und müssen nicht länger das ewige Feuer bewachen. Wir haben Äxte und Macheten, um Bäume zu fällen und Escopetas um den Tapir zu erlegen. Heute können wir in einem Tag mit dem Außenborder nach La Pedrera kommen und müssen nicht mehr tagelang paddeln. Mit der Brille kann ich nun auch all diese Papiere lesen, die die Welt der Weißen ausmachen und doch nichts wert sind», er tippte mit dem zusammengerollten ONIC-Schreiben auf seinen Oberschenkel. «Aber ihr Weißen bringt auch immer wieder Tod und Verderben zu uns. Die bösen Geister des Waldes sind harmlos im Vergleich zum Aguardiente, der den Indianer zum Spielball der Weißen macht. Noch leben wir in einem riesigen, beinahe menschenleeren Gebiet, in dem sich auch die wenigen Weißen verlieren. Wenn sie unser Land respektieren, wenn sie unsere Frauen in Ruhe lassen und unsere Jugend nicht mit Alkohol vergiften, dann können sie für einige Tage unsere Gäste sein.»

Freddy rutschte seit geraumer Zeit unruhig auf seinem Schemel hin und her und meldete sich zu Wort.

«*I come in peace,* ich unterstütze die Sache der Indianer.»

In seiner eigentümlichen Mischung aus Englisch und Spanisch ging es weiter.

«*My abuelo indigena from Wales, he fighted for his land, tierra. Gusta mucho indigenas, graschas, muchas graschas.*»

«Ich verstehe sehr gut», sagte Belesario und wandte sich mir zu, «was hat er gesagt?»

Die verwirrte Indianergemeinde brach in ein befreiendes Gelächter aus. Das Eis war gebrochen. Die Gesprächsatmosphäre entspannte sich. Freddy kramte unter seinen Papieren eine Abbildung des walisischen «Indianer-Großvater» im Kilt hervor und überreichte Capitán Boa die Fotokopie. Ich gab Boa die Baseballmütze mit der Aufschrift *Capitán*, und er schenkte mir ein Lächeln, das die großen schneeweißen Schneidezähne entblößte. Seine verblichene grüne Kappe reichte er an seinen Sohn weiter, dann setzte er sich die Capitán-Mütze auf.

Wir durften bleiben. Boa erlaubte uns, in den Río Cahuinarí zu fahren. Belesario würde sein Boot und den Außenborder zur Verfügung stellen. Sein Bruder Alirio und Mario, Boas Schwiegersohn, sollten uns begleiten. Wir durften nicht fotografieren, aber nach einer kurzen Diskussion erlaubte mir Boa wenigstens Notizen zu machen, denn dem geschriebenen Wort maß er keine besondere Bedeutung bei. Die weiteren Einzelheiten unseres Aufenthaltes sollten wir später mit Belesario besprechen. Belesario hatte uns mitgebracht und war damit persönlich für uns verantwortlich. Auch er war erleichtert, daß die Versammlung einen positiven Ausgang genommen hatte, denn sonst hätte er uns noch am gleichen Tag nach La Pedrera zurückbringen müssen.

Wir traten aus der kühlen Maloca heraus in die Mittagshitze. Die Sonne stand hoch am Himmel. «Zeit um in die Hängematte zu klettern», dachte ich. Für Capitán Boa der richtige Zeitpunkt, um ein Fußballspiel auszutragen. Wir wurden in das Team von Puerto Remanzo aufgenommen.

Am Ende eines Dschungelpfades erreichten wir eine Lichtung, auf der zwei Tore aufgestellt waren. Die Indianer spielten eine Art Kick and Rush-System. Nach fünfzehn Minuten war ich völlig außer Atem. Freddy stand im Tor und machte weite Abschläge, die die Bora und Miraña zunächst verwirrten, bald aber ihre Anerkennung fanden. Nicht jeder besaß ein Paar Fußballschuhe; manche Spieler teilten sich ein Paar, so daß der mit dem rechten Schußbein im rechten Schuh steckte, und umgekehrt. Andere spielten in Gummistiefeln, die meisten barfuß. Am leidenschaftlichsten war Boa. Im Mittelfeld verteilte er die Bälle.

Seine sonst so kontrollierten Gesichtszüge entspannten sich bei jeder gelungenen Aktion seiner Mannschaft zu einem jungenhaften Lächeln.

Nach der Halbzeit setzte ein Tropenregen ein, eine erfrischende Dusche und lachend rutschten wir über den Boden und fielen in Pfützen. Nach neunzig Minuten war längst nicht Schluß. Die Indianer liebten die «Verlängerung».

18

Mit sanften Ruderschlägen glitt das große Holzkanu durch die Dunkelheit die Quebrada hinauf. Das Sternbild des Orion beleuchtete die Maloca auf der Anhöhe, die sich wie eine gewaltige Festung gegen den schwarzblauen Himmel abhob. Das Lachen der Bora und Miraña verstummte. Sie blickten ehrfürchtig auf das Haus der Götter. Lautlos legte das Kanu an. Mit den Fackeln in der Hand liefen wir den Pfad vom Anlegesteg hinauf und betraten die Maloca, deren Innenraum durch das Licht der Fackeln schemenhaft erleuchtet wurde.

Ich beobachtete die Indianer im Halbdunkel. Im Außenkreis ließen sich die Familien nieder. Ihre Hängematten schaukelten an den Querbalken um die Feuerstellen. Auf dem Feuer köchelte die Caldo de Pescado in blitzblanken Aluminiumtöpfen. Mütter wiegten ihre Babys in den Schlaf. Belesarios Tante hatte die winzige Hängematte ihres Urenkels, neben der ihren befestigt und schaukelte sie gleichmäßig. In ihren Nasenlöchern steckten zwei bunte Tukanfedern. Durch die ausgefransten Ohrlöcher hatte sie frische Vanillezweige gezogen. Der Innenkreis der Maloca blieb frei, er war das heilige Rund, in dem die Tänze abgehalten wurden.

Alle warteten auf den Beginn der Zeremonie. Wir setzten uns auf zwei Holzschemel zu Belesarios Familie. Belesario bot uns aus einer Kalebasse Cauana an, ein dickflüssiges Getränk, gepreßt aus Yuka und der Aguajefrucht, das wie Tapetenkleister aussah und auch so schmeckte. Die Kürbisschale ging von Hand zu Hand und von Mund zu Mund. In der Ecke des Ältestenrates wurde ein Sprechgesang angestimmt. Aus einzelnen Tönen formte sich eine Melodie.

Der blinde Luis, der sein langes schwarzes Haar zu einem Zopf zusammengebunden hatte, griff die Strophe auf und sang mit hohem Falsetto. Er wurde von einer kleinen Trommel begleitet, gefertigt aus dem ausgehöhlten Stamm einer Asaipalme, die an beiden Öffnungen mit Affenhaut bespannt war.

Die Männer stellten sich zum Tanz auf. Sie hielten leichte Bambusstäbe in den Händen und antworteten im Chor auf die Verse, die Luis vortrug. Luis stand auf und ging ins Zentrum der Maloca. Er schlug den Takt mit einem Schellenstock, der größer war als die übrigen Stäbe. Die Tänzer legten einander die linke Hand auf die Schulter und stießen ihre Tanzstäbe gleichzeitig auf den Boden. Die Gruppe bewegte sich im wechselnden Rhythmus mal schreitend, dann schneller werdend, in stets gleicher Schrittfolge, in die eine oder andere Richtung, vor und zurück im Rundkreis der Maloca. Jede Tanzrunde endete mit einem langgezogenen «*Hoooh*» aus der Ecke des Ältestenrates, das durch den Raum hallte.

Capitán Boa und die wichtigsten Männer der Comunidad saßen auf den flachen Schemeln und schoben sich unentwegt Mambe, das feingemahlene Pulver aus Koka und getrockneten Blättern, in den Mund. Belesario gab uns einen Löffel zum Probieren. Das bittere Pulver war wie Staub. Es betäubte zunächst die Zungenspitze und dann die gesamte Mundhöhle.

Die Frauen bildeten einen Außenkreis um die männlichen Tänzer. Sie legten die linke Hand auf die linke Schulter des Mannes ihrer Wahl. Die noch unverheirateten Mädchen bildeten einen inneren Kreis. Sie wiederholten den

Sprechgesang der Männer mit hoher Stimme. Zwei junge Tänzer kamen auf mich zu und drückten mir einen Bamboostab in die Hand. Sie nahmen mich in ihre Mitte. Mit geschlossenen Augen folgte ich dem Rhythmus ihrer Tanzschritte und meine Beine bewegten sich beinahe wie in Trance. Rechts vor, links vor, dann machte ich eine Pause auf dem rechten Fuß und stieß dazu mit dem Bamboostab auf den Boden. Mal schnell, mal langsam drehte ich mich um die Achse des aufgesetzten Tanzstabs, bis auch diese Tanzrunde durch ein «*Hoooh*» beendet wurde. Ein Tanz folgte auf den nächsten bis zum Morgengrauen.

Freddy hatte seit einiger Zeit die Mamberunde auf der gegenüberliegenden Seite beobachtet.

«Ich denke, ich werde mit Capitán Boa einen Joint rauchen», sagte er zu mir.

Er holte Zigarettenpapier und Marihuanagras aus seiner Bauchtasche und drehte eine dicke Tüte. Aber die Mamberunde um Capitán Boa wies ihn ab. Freddy steckte sich den Joint an und setzte sich auf den Boden in der Maloca. Bald war er bekifft und wälzte sich hin und her. Dann rollte er sich zusammen und schlief ein.

19

Der Tag begann um fünf Uhr früh. Das noch schwache Licht blinzelte durch die Ritzen der Wandmatten aus Bambonaholz. Die Luft war frisch und klar, gereinigt von der drückenden Schwüle des Vortages. Ich hockte mich aufs Klo, ein Loch hinter einer Wellblechverkleidung, neben der Schule. Klopapier benutzte hier niemand. Um die Latrine herum wuchsen Büsche mit großen Blättern und samtener Oberfläche. Das Grün war feucht vom Morgentau. Aus dem Wald drangen die tiefen und langgezogenen Schreie der Brüllaffen wie ein Rauschen, das einen Sturm ankündigt. Ihr Stimmvolumen übertraf ihre Körpergröße von sechzig Zentimeter bei weitem. Ein Arapaar flog kreischend über den Fluß. Mit Macht zerriß die Sonne die zartblauen und rosaroten Frühnebelstreifen.

Der Wasserstand des Río Caquetá war weiter gesunken. Fünfzig Zentimeter waren es jetzt täglich. Der schneeweiße Sandstrand auf der gegenüberliegenden Uferseite verbreiterte sich und ließ die Ufer zusammenrücken.

In den Morgenstunden lag Puerto Remanzo verlassen dar. Der Waschplatz, ein Floß aus Bambonaholz an der kleinen Quebrada, gehörte den Kindern und Frauen, abends fanden hier die Gespräche der Männer während des Badens statt.

Ein Spaziergänger überquerte den Dorfplatz. Es war Belesarios Vater. Hager, den Kopf zwischen die Schultern gezogen und vornübergebeugt, schritt er langsam voran. Er nickte mir zu und zeigte bedeutungsvoll auf die Zeichnung an der Vorderfront der Schule, die eine Anakonda darstellte, die sich durch ein Ei schlängelte. Die Schlange symbolisierte die Fruchtbarkeit, sie war das Sinnbild für den Río Caquetá, und das Ei in ihrer Mitte war Puerto Remanzo. Tierfiguren spielten in der indianischen Mythologie eine besondere Rolle. Die wichtigsten Plätze in dem komplexen System nahmen die Anakonda und der Jaguar ein. Die Anakonda bestimmte den Flußlauf, den Wechsel der Regen- und Trockenzeit, den Fischreichtum und das Auftauchen der Delfine. Der Jaguar entschied über das Jagdglück oder den Tod in den Wäldern.

Die Hütten von Puerto Remanzo lagen weit voneinander entfernt, umgeben von einem breiten Gürtel verstreut liegender Chagras, Dschungelgärten, die durch ein Netz verzweigter Pfade miteinander verbunden waren. Erst dahinter lag der eigentliche Wald, *el centro*, das Zentrum, wie die Indianer sagten. Während die Männer des Dorfes jagten, fischten oder im Dschungel nach geeignetem Holz für neue Hütten suchten, waren die Frauen auf den Chagras, die in der Trockenzeit angelegt wurden. Die Frauen legten weite Wege zurück, um auf den nährstoffarmen Böden Yukawurzeln, Aji und Ananas zu pflanzen. Im Rucksack der Milpesopalme brachten sie Platanostauden nach Hause. Solch einen Rucksack aus Palmenblättern konnte jeder Indianer in Minutenschnelle flechten.

Ich verließ die Schule und folgte dem Fußweg, der am Flußufer entlangführte. Aus dem Fensterrahmen einer Hütte hing ein defekter 8-PS-Suzuki Motor. Vor einer anderen Hütte röstete eine hochschwangere Frau Fariña. Mit einem breiten Holzstab rührte sie die feingeriebene Yuka in einem Trog über dem Feuer. Sie trug ein löchriges T-Shirt, und der Schweiß lief ihr in kleinen Rinnsalen von der Stirn über das Gesicht. Belesarios Frau stand neben ihr und hielt ihren Sohn auf dem Arm. Die Gesichter und der übrige Körper waren mit dunkelbrauner Farbe bemalt. Sie hatten Rindensaft aufgetragen, um eine Pilzerkrankung zu bekämpfen. Aber er half wohl auch gegen Stechmücken, denn während mich die Jején attackierten, ließen sie die beiden in Ruhe.

Am Ende des Dorfes erreichte ich ein niedergebranntes Stück Erde. Dort stand das Holzgerippe einer neuen Hütte neben verkohlten Baumstämmen. Das Haus wurde auf Pfählen errichtet. Es hatte wie alle anderen einen rechtekkigen Grundriß und einen spitzen Dachgiebel. Die Indianer verwendeten unterschiedliche Holzarten. Die tragenden Balken waren aus Chontaholz, eine Palmenart, die bis zu dreißig Meter hoch wuchs. Für das Dachgerüst wurde weiches und leichtes Holz gesucht. Die Pfosten und Querbalken waren aus Aguacatillo und Caimo, ebenfalls solides, doch leichteres Holz.

Die Baustelle war verlassen. Ich folgte einem kleinen Dschungelpfad, der hinter dem Gerüst in den Wald führte. Ich sprang über umgestürzte Baumstämme, die von Moosen überzogen waren, aus denen trompetenförmige ockergelbe Pilze wucherten. Es wimmelte von Blattschneiderameisen, die Blatteile, um ein Vielfaches schwerer als sie selbst, auf ihrem Rücken balancierten. Sie trugen die Blätter in ihre Nester, um Pilzgärten anzulegen. Dottergelbe und rubinrote Libellen standen mit vibrierendem Flügelschlag in der Luft.

Ich lief tiefer in den Wald hinein. Es roch modrig. Von den Urwaldriesen hingen ephiphytenbewachsene Lianen wie Affenschaukeln und zwischen den Farnen und Sträuchern erstrahlten die leuchtendroten Blüten der Heliconia. Ich schlug mit der Machete Einkerbungen in die Bäume, um mich auf dem Rückweg orientieren zu können. Plötzlich hörte ich Stimmen. Ich traf Belesario und fünf weitere Männer.

«Wie hast du uns gefunden?»

Die Indianer waren erstaunt, daß ich ins Zentrum des Waldes vorgedrungen war. Sie rasierten die Fächer der kurzwüchsigen Puipalme mit der Machete und steckten sie kunstvoll zu Ballen zusammen. Der bis zu achtzig Kilo schwere Bulto wurde ebenso wie der Paiche mit einem Gurt aus Rinde getragen, dessen Gewicht auf der Stirn lastete.

Die Miraña und Bora waren untersetzt und durchtrainiert. Sie liefen mit ihrem schweren Gepäck behende bis ins Dorf. Weder umgestürzte Bäume noch Flußläufe brachten sie vom Wege ab. Ihre Vorfahren hatten auf diese Weise einst ebenso schwere Kautschukballen bis zu hundert Kilometer weit zu den Sammelstellen der Casa Arana getragen.

«Laßt mich einen Bulto tragen!» In einem Anfall von Übermut wollte ich meine Kräfte unter Beweis stellen. Einer der Männer half mir beim Aufschnallen. Das Gewicht drückte auf die Nackenmuskeln und riß mir den Kopf nach hinten. Ich mußte den Gurt von der Stirn nehmen. Nun tanzte der Ballen auf meinem Rücken hin und her, so daß ich kaum das Gleichgewicht halten konnte. Sehen konnte ich ohnehin kaum. Der Ballen knallte gegen herunterhängende Zweige. Die Knie wurden weich, ich torkelte, ich schwitzte. Der Schweiß zog die Insekten an. Eine Feuerameise verkrallte sich in meinen Hals. Die Haut brannte. Ich preßte die Lippen aufeinander und kämpfte mich vorwärts. Als ich die Baustelle erreichte, sparten die Bora und Miraña nicht mit Anerkennung.

«*Un verraco*! Ein echter Keiler!» lobten sie mich.

Die Männer flochten aus den Palmensträuchern eine Dachabdeckung. Ihre Finger huschten mit schnellen gleichmäßigen Bewegungen durch die Blätter. Dann legten sie die einzelnen Teile des Daches nebeneinander wie die Flügel des Ikarus zum Trocknen aus. Die Häuser der Miraña hielten die heftigen Tropengewitter ab, aber sie waren nicht für die Ewigkeit bestimmt. Sie waren auflösbar. Dieses Volk war befreit von der Last das Alte aufgeben zu müssen, um etwas Neues zu beginnen.

Wir aßen in Belesarios Hütte unter einer grünen Platanostaude, die am Dachbalken festgemacht war. Im Halbkreis setzten wir uns auf den Boden um den brodelnden Topf mit der Caldo. Die Fischstücke kochten im Wasser. Es gab Fariña und Casabe, Fladenbrot aus Yukamehl. Es war grobkörnig und schmeckte wie Sauerteig.

Belesarios Vater saß im Schneidersitz auf dem Boden. Er rutschte zur Seite, damit ich neben ihm Platz nehmen konnte. Ich nahm mir ein Stück Fisch, und brach ein Stück Casabe ab. Wir aßen den Fisch von Bananenblättern. Neben der Fischsuppe stand ein weiterer Topf mit einer dikken Soße. Nacheinander tunkten wir Casabe in die Flüssigkeit. Sie war so scharf, daß ich nach Luft schnappte, heftig zu schwitzen begann und einen knallroten Kopf bekam.

«Aji ist wie das Feuer der Frau und verbrennt den Tabak des Mannes», lachte Belesarios Vater. «Iß ein Stück trokkenen Fisch.»

Er holte einen geräucherten Piranha aus dem Korb über der Kochstelle. Nachdem wir das Essen beendet hatten, verließ Belesarios Frau ihre Hängematte und schüttete den Rest der Suppe in einen Schildkrötenpanzer auf der Veranda. Die abgemagerten Hunde hatten auf diesen Augenblick gewartet, stürzten sich auf die Fischreste und schlapperten das scharfe Zeug atemlos hinunter. Sie schnappten selbst nach den spitzen Piranhagräten, die Belesarios Frau hinausfegte. Zum Abschied bekam ich eine Ananas.

Freddy saß in der Hängematte und hielt sich den Kopf. «*I´m* so *confused*. Wie bin ich in die Hängematte gekommen? Ich habe einen Fimriß und brauche eine Abkühlung.» Er lief zum Waschplatz, sprang in die Quebrada und wusch sich seine langen Haare mit einem Pfirsichshampoo.

Die Kinder schauten ihm neugierig zu. Die jüngste Tochter Belesarios schnüffelte an seinen Haaren und atmete den Duft ein. Sie suchte seinen Kopf nach Läusen ab. Sie zerrte an seinem Haar und flocht ihm eine Vielzahl dünner Zöpfe. Freddy ließ es geschehen und sah bald wie ein gerupfter Rastafari aus. Die Indianerkinder lachten und zogen ihm nun nicht nur an den Brusthaaren, sondern auch an den Zöpfen.

Beim Tanz in der Maloca hatte er seine Taschenlampe verloren. Nach Einbruch der Dunkelheit zog er nun mit seiner Kirchenkerze durchs Dorf. Die Kinder liefen ihm hinterher wie dem Rattenfänger von Hameln.

Ich hatte mich daran gewöhnt, daß meist einige Indianer in unserem Klassenzimmer saßen. Sie warteten auf den Kaffee und streckten mir auffordernd ihre Becher entgegen. Belesarios Tante hielt eine Thunfischbüchse, die ich an der Kochstelle zurückgelassen hatte, in der knochigen Hand. Unsere Zuckervorräte hielten nicht lange. Die Indianer schütteten mehr Zucker in den Kaffee als ein Sizilianer in seinen Espresso. Ich rationierte den Zucker auf zwei Löffel pro Kaffee. «*Muy amargo*, sehr bitter», beschwerten sie sich und verzogen das Gesicht, als hätten sie in eine Zitrone gebissen. Unsere Besucher brachten Bocadillos und Uvas mit. Die violettblauen Trauben hingen an Bäumen, die sie neben den Hütten gepflanzt hatten. Ich riß das milchighelle Fruchtfleisch, das wie die japanische Lycheefrucht schmeckte, mit den Zähnen auf. Abends wurde der Schulraum zum beliebten Treffpunkt. Die Männer wollten Kaffee und stellten Fragen, auf die sie noch keine Antwort gefunden hatten.

Einmal brachte einer von ihnen ein Sammelbildchen mit, auf dem das Empire State Building abgebildet war.

«Kennst du die Menschen, die in diesem Haus wohnen?» fragte er mich.

«In diesem Haus leben mehr Menschen als alle Miraña und Bora am Caquetá zusammen.»

«Aha, eine große Maloca, die in den Himmel gebaut wurde.»

«Nein, in diesem Haus kennt keiner seinen Nachbarn.»

«Die Menschen in diesem Haus sitzen nicht gemeinsam um ein Feuer und reden und tanzen miteinander?»

«Genau so ist es.»

«Ihr Weißen seid merkwürdig. Wahrscheinlich liegt es an den Himmelshäusern. Wenn ihr eine Maloca auf der Erde hättet, dann würdet ihr auch wie ein Volk sein.»

20

Wer waren die Indianer wirklich? Wo kamen sie her? Diese Fragen beschäftigten Martius. Die Pflanzen, die er gesammelt hatte, ließen sich systematisch einordnen, aber die Herkunft der Indianer hüllte sich in ein mythenumwobenes Dunkel, das sich seinen Überlegungen wie der Dschungelvorhang in den Weg stellte.

«*Sind sie ein Volk, sind sie zerstörte Teile eines ursprünglichen Ganzen, sind sie verschieden nebeneinander wohnende Völker oder endlich, sind sie vielfach zerspaltene Stämme, Horden und Familien mehrerer in Sitten, Gebräuchen und Sprachen sich unterscheidender Völkerschaften. Eine solche Verschiedenheit in den Sprachen bei übrigens ganz gleichen Sitten, welch auffallend rätselhafte Erscheinung!*» grübelte er.

Zu seiner Zeit glaubte die Wissenschaft noch fest an den biblischen Ursprung der Menschheit und vermutete in den Indianern einen der zwölf Stämme Israels. Die Nachkommen von Erzvater Jakob mußten immer dann herhalten, wenn neu entdeckte Völker im biblischen Geschichtskonzept unterzubringen waren. Ein Konzept an dem Martius Zweifel hegte, denn es war kaum zu begründen, wie einer der Stämme Israels den Weg nach Amerika gefunden hatte.

Martius ahnte, daß die europäische Weltsicht in Amerika scheitern würde, aber seine Zweifel gegenüber der Geschichtsdeutung der Kirche waren noch zu zaghaft, um vom Postulat des göttlichen Ursprungs der Welt abzurükken, das einige Jahrzehnte später von den englischen Naturalisten Russel Wallace und Darwin gründlich zerlegt werden sollte, als die beiden nach ihren Beobachtungen in Südamerika die Frage nach der Herkunft der Menschheit auf eine neue, biologische Grundlage stellten.

Für Martius war das babylonische Sprachengewirr im nordöstlichen Amazonasgebiet unergründlich. Die indianischen Kulturen überlagerten sich und hatten sich viele Jahrhunderte lang vermischt oder einander verdrängt. Am Río Caquetá waren die Einflüsse der Arawak-, Tukano- und Tupí-Guaraní-Kulturen auf vielfältigste Weise miteinander verwoben. Zunächst waren die Arawak vom Orinoco gekommen. Sie hatten sich entlang der Flüsse orientiert und den Vorfahren der Miraña den Fischfang gebracht. Später waren Tukano-Gruppen vom Andenabstieg eingedrungen, hatten die Arawak-Kultur überlagert und den Kokastrauch gepflanzt.

Schließlich waren aus dem südlichen Amazonasbecken, vom Río Paraguay, vom Guapore und vom Tapajós die Tanzstäbe der Tupí-Guaraní zu den Miraña gekommen. Doch der Tupí-Einfluß war weniger bedeutend. Die Miraña trugen keine schillernden Federhauben oder Federstränge wie die Jurí und Passé. Erst während der Kolonialzeit hatte sich das Tupí weiter ausgedehnt, als es in der Verbindung mit dem Portugiesisch zur Lingua Geral des Amazonasraumes wurde.

Für Martius waren die Amazonasvölker Abkömmlinge des untergegangenen Inka-Reiches. Den Auslöser für seine «Inka-Theorie» hatte der Capitán von Porto dos Miranhas João Manuel gegeben, ein bedeutender Sklavenhändler, der Hemd und Hose trug und wie Martius verblüfft feststellte, von einem Porzellanteller aß, den er vermutlich im Tauschhandel gegen Sklaven von den Portugiesen erworben hatte. Bei Martius hatte João Manuel einen so nachhaltigen Eindruck hinterlassen, daß er Jahre später die Vorlage für den Häuptling Tsomei in seinem Amazonasroman *Frey Apollonio* abgab. João Manuel wurde zum König der Inka mit *«einem künstlich geflochtenen Stohhut mit Adlerfedern»* und einem *«Gürtel mit rother Seide»*.

Stellten die Amazonasindianer aber die verfallenen Überreste einer zerstörten Hochkultur dar, dann war auch die Theorie vom edlen Wilden des Jean Jacques Rousseau falsch, wonach sie noch immer im ursprünglichen Naturzustand lebten, schlußfolgerte Martius. Diese idealisierten Indianertypen, die er im Theater und in der Oper gesehen hatte, hatten nichts mit den Menschen aus Fleisch und Blut gemein, die zwar mit der Natur lebten, aber doch nicht in der von Rousseau erträumten paradiesischen Weise.

21

Belesarios Tante kam in die Schulküche, als ich Feuer machte. Sie legte Bambonaholz auf, holte tief Luft und blies ins Feuer bis die Flammen hochschlugen. Sie hängte den Topf über die Glut, und ich konnte auf ihrem Unterarm eine Zahl sehen, die auf der Innenseite eingebrannt war. Sie bemerkte meinen Blick und zog ihren Arm zurück. Mit leiser Stimme begann sie ein Lied. Sie preßte einzelne Laute tief und dumpf aus ihrem Kehlkopf. Ich verstand die Worte nicht und hörte dennoch die Trauer.

Am späten Nachmittag saß ich an einem Schultisch und machte Aufzeichnungen. Mit der anderen Hand versuchte ich die lästigen Jején zu vertreiben, als die Tante hereinkam. Ich begrüßte sie auf Spanisch, sie antwortet in der Sprache der Bora.

«*Neva chemene*.»

Sie setzte sich neben mich und schaute mir beim Schreiben zu und begann ihre Geschichte zu erzählen.

«Ich war acht Jahre alt, meine Eltern, meine drei Brüder und ich lebten am Ufer des Río Cahuinarí, nicht weit vom Lago de Pescado entfernt. Meine Mutter und ich schälten Yuka brava vor dem Eingang der Maloca. Mein Vater war der Capitán unseres Dorfes. Er war mit den anderen Männern in der Maloca versammelt. Jeden Morgen sprach er mit den Göttern, die *más allá,* weit weg, am Río Igaraparaná wohnten und uns die Wiedergeburt der Welt bringen. Meine beiden Brüder waren ins Zentrum des Waldes gegangen, um Ameisen und Froscheier zu sammeln. Ein großes Kanu legte an. Fünf Weiße und drei schwarze Männer liefen auf die Maloca zu. Sie hatten Gewehre in der Hand und schrien laut. Ich hatte bis dahin noch nie einen schwarzen Mann gesehen und hatte große Angst.

Sie zerrten meinen Vater aus der Maloca und fesselten alle Männer mit Seilen aneinander. Sie schrien auf meinen Vater ein. Sie schlugen ihn mit dem Gewehrkolben in den Rücken, mehrmals, immer wieder. Mein Vater zeigte keine Furcht. Die Schläge waren so stark, daß er taumelnd auf die Knie fiel, aber wieder aufzustehen versuchte. Sie suchten nach weiteren Männern, und mein Vater sollte ihnen sagen, wo sie sich versteckten. Mein Vater war ein mutiger Capitán und schwieg. Sie fesselten ihn an Händen und Füßen, übergossen ihn mit einer Flüssigkeit, die sie aus dem Boot holten, und zündeten ihn an. Wie ein Blitz in den Wald einschlägt und den Himmel mit seiner Flamme erleuchtet, so stand mein Vater vor uns.

Mein Volk tötet Tiere. Wir töten unsere Feinde. Wir haben früher auch unsere Feinde gegessen, denn es ist besser einen erschlagenen Feind zu essen, als ihn verderben zu lassen. Aber niemals hätten wir unseren Feind entehrt und ihn angezündet.

Die Aventureros nahmen uns mit. Fünf Tagesreisen flußaufwärts erreichten wir ein sehr großes Dorf, das ich nicht kannte. Auf unserer Reise hatten wir viele Indianer gesehen, die an den Kautschukbäumen arbeiteten und den weißen Saft einsammelten. Das Dorf war voller Toter. Ich erkannte Bora, Miraña, Huitoto und Muinane. Hunde rissen an ihnen und nagten an den Knochen. Überall standen schwarze Männer mit Gewehren.

Die Menschenjäger trieben uns auf dem Dorfplatz zusammen. Wir mußten einer Strafaktion beiwohnen. Auf der Platzmitte stand ein großer weißer Mann. Sein Haar war rasiert und in der rechten Hand hielt er eine Machete.

Vor ihm kniete eine Huitota, deren Haar er mit der Linken festhielt.

'Diese unwürdige Sklavin hat sich geweigert, ihren Mann zu verlassen und mit einem weißen Mann das Lager zu teilen, deshalb muß sie sterben. Eine Gewehrkugel ist viel zu kostbar für dieses Vieh.'

Mit einem schnellen Hieb, so wie man einen Kaiman erschlägt, trennte die Machete den Kopf vom Hals. Er rollte uns vor die Füße. Die Augen der Huitota waren weit geöffnet.

'Sollte irgend jemand von euch sich meinen Befehlen widersetzen', brüllte er, 'wird es euch wie dieser Frau ergehen.'

Die Aufpasser trieben uns in die Quartiere. Ich blieb eine Gefangene, bis ich eine Frau wurde. Ich arbeitete, ich hungerte. Meine Mutter starb an Hunger. Schließlich konnte ich fliehen und zu meiner Erde zurückkehren. Das ist eine andere Geschichte, *una larga historia.*» Die Tante hatte ihre Stimmlage nicht verändert, kein Zittern in der Stimme war zu vernehmen. Keine Pausen hatten die monotone Sprachmelodie unterbrochen. «*Neva* hat uns unsere Geschichte gegeben. Es gibt Geschichten des Lebens und Geschichten des Vergessens. Es gibt *buena gente* und *mala gente,* auch unter den Weißen.»

Sie stand auf und ging.

Ich blieb zurück und dachte an das Foto im Museum der Banco de la República in Leticia. Es zeigte eine sterbende Indianerin in der Hängematte, deren Kopf zurückgefallen und deren Augen aus den Höhlen getreten waren.

22

Das Dampfschiff Cahuapana hatte 1886 den Kolumbianer Benjamin Larrañaga mit einigen Freunden an die Stromschnellen des oberen Río Igaraparaná gebracht. Sie nannten den Ort La Chorrera wegen der Katarakte, die an dieser Stelle den Flußlauf unterbrachen. Hier lebten die Huitoto.

Im nördlichen Amazonasgebiet wuchsen zwar kaum Kautschukbäume der Gattung *Hevea brasilensis,* sondern zumeist die qualitativ minderwertigen Sernambibäume, aber die Nachfrage nach Rohgummi war so gewaltig, daß sich auch die Geschäfte der kolumbianischen Kautschukhändler rentierten.

Larrañaga war kein Siedler, er wollte schnelle Gewinne machen. Er köderte die Indianer mit einem Warensortiment aus Macheten, Glasperlen, Spiegeln, Angelhaken und Sardinenbüchsen. Waren sie erst einmal den Verlockungen der Zivilisationsware erlegen, konnte er sie zwingen, in den Wäldern Rohgummi zu zapfen und in sein Lager zu bringen.

Den Handel in der Region kontrollierte der Peruaner Julio Cesar Arana mit einer Flotte aus Dampfschiffen, die die Kautschukballen nach Iquitos transportierten. Arana versorgte die kolumbianischen Ansiedlungen mit Lebensmitteln und Tauschartikeln. Den kleinen Kautschukhändlern gewährte er Kredite. Arana kannte den Amazonas. Er stammte aus der peruanischen Provinzstadt Rioja am Fuße der Anden. Er hatte das Hutgeschäft seines Vaters übernommen und es auf profitable Waren wie Alkohol, Waffen und schließlich Kautschuk ausgedehnt. Vom fahrenden Amazonashändler war er zur einflußreichsten Figur von Iquitos aufgestiegen. Längst hatte er die Distrikte der Kolumbianer im Visier, die nur die Pionierarbeit leisten sollten. Sie waren die Vorhut, die das Land erschloß. Die Kolumbianer waren bald ebenso hoffnungslos bei Arana verschuldet wie die Indianer bei ihnen. Einer nach dem anderen mußte verkaufen oder landete im Gefängnis von Iquitos, das die Leute die Oficina de La Casa Arana, das Büro von Arana, nannten. Wollte einer der Kolumbianer nicht weichen, schickte Arana seine Miliz.

Mit Larrañaga, dem wirtschaftlich stärksten Kolumbianer, kooperierte er. Kurz darauf starb Larrañaga an einer Arsenvergiftung. 1903 gründete Arana mit seinem Bruder Lizardo und den Schwägern Pablo Zumaeta und Abel Alarco die Firma J.C. Arana und Hermanos.

Zwischen dem Río Putumayo und dem Río Caquetá lebten fünfzigtausend Indianer, eine Zahl die der französische Ethnologe und Fotograf Eugenio Robuchon im Auftrag Aranas ermittelt hatte. Arana errechnete daraus vierzigtausend Zwangsarbeiter, die er in die Schuldknechtschaft pressen würde. Mit diesem Arbeitskräftepotential ließ sich der Standortnachteil gegenüber dem bolivianischen Branchenführer Nicolás Suárez am Río Madera ausgleichen. Arana wollte dem Kautschukbaron im Süden die Stirn bieten, um die Nummer Eins im internationalen Kautschukhandel zu werden.

Nach dem Tod von Larrañaga baute Arana ein Imperium auf, das sich von den beiden Hauptlagern El Encanto am Río Putumayo über La Chorrera, am Río Igaraparaná, bis nach La Pedrera am Río Caquetá erstreckte.

1906 exportierte das Unternehmen fünfhundertvierzig Tonnen Latex nach Übersee. Im folgenden Jahr reiste Julio

Cesar Arana nach London und gründete die Peruvian Amazon Rubber Company mit einem Betriebsvermögen von einer Million Pfund Sterling. Die Company startete furios an der Londoner Börse. Das Spekulantenfieber ließ die Kurse in die Höhe schnellen. Denn kein Aktionär konnte sich vorstellen, wie es zwischen dem Río Putumayo und dem Río Caquetá wirklich aussah. Don Julio, wie ihn die peruanischen Freunde nannten, war auf dem Gipfel seiner Macht. Erlesene europäische Kunst zierte sein Haus. Die gutbestückte Bibliothek, ein Haus in London und die englische Gouvernante ließen ihn als weltgewandten Gentleman erscheinen.

Der peruanische Präsident war sein Freund, die Zeitungen in Iquitos und Lima waren auf seiner Seite. Die Journalisten feierten ihn als *«wahren Konquistador und Zivilisator des Dschungels»*. Die Konsuln standen auf seiner Gehaltsliste, und die wenigen naiven Ethnographen, die sein Reich auf der Suche nach unentdeckten Indianervölkern betreten wollten, konnte er mit Schiffspassagen und Gepäckträgern für seine Sache einspannen. Die Fassade täuschte, Arana war ein Verbrecher. Seine Firma war auf Terror und Betrug aufgebaut. Entlang der Flüsse Putumayo und Igaraparaná standen Arbeitslager. Er befehligte eine Miliz aus Peruanern und Schwarzen, die er auf Barbados angeheuert hatte und mit Winchestergewehren bewaffnete. Im Dschungel machten sie Jagd auf die Indianer.

Der junge Amerikaner Hardenberg hatte 1907 den Job bei der Cauca-Eisenbahn quittiert, die Sachen gepackt und seinem Freund Perkins mit auf die Reise ins Amazonasgebiet genommen. Im bolivianisch-brasilianischen Grenzgebiet war das größte Eisenbahnprojekt Südamerikas in Planung, und Hardenberg wollte bei der Trassenverlegung für die Madeira-Mamoré Linie dabeisein.

In ausgelassener Stimmung trieben die beiden mit dem Einbaum den Río Putumayo hinunter. Sie tranken Aguardiente und schossen auf Wildtiere, bis sie das Totenreich der Casa Arana bei El Encanto erreichten. Die Miliz nahm sie fest, hielt sie für Spione und mißhandelte sie. Die Schläger nahmen ihnen alle Habseligkeiten ab und steckten sie in einen Dschungelknast. Wären sie keine amerikanischen Staatsbürger gewesen, hätte man sie kurzerhand erschossen und den Hunden zum Fraß vorgeworfen. Der Jagdausflug war zu einem Horrortrip geworden.

Hardenberg sah die Greueltaten mit eigenen Augen. Die Indianer hatten tiefe Narben. Die Kapos schlugen sie tagtäglich mit der Peitsche aus Tapirleder. In die offenen Wunden fraßen sich die Maden, bis die Indianer, von Fieberanfällen geschüttelt, zugrundegingen.

Arbeitsverweigerer und Flüchtlinge wurden mit einer Schlinge um den Hals an einem Dachbalken gehängt. Nur die Zehenspitzen berührten den Boden und die Aufseher schlossen Wetten ab, wie lange es dauern würde, bis sie sich vor Erschöpfung strangulierten. Die Indianerfrauen mußten den Vorarbeitern zu Willen sein. Sadistische Aufseher verbrannten ihre Opfer bei lebendigem Leibe und steckten sie in den Cepo, einen Holzblock, durch dessen Öffnungen die Hände, die Füße und der Kopf gesteckt wurden. So ließ man die Opfer liegen bis sie verhungerten. In den Arbeitslagern lagen die Toten neben den Lebenden. Die Knochenberge türmten sich. Über die unwegsamen Dschungelpfade quälten sich die Kautschukkarawanen der Indianer. Die bis zum Skelett abgemagerten Huitoto, Andoke, Muinane, Bora und Miraña taumelten mit siebzig Kilo schweren Rohgummiballen auf dem Rücken Hunderte von Kilometern weit. Ihnen folgten die Strafbataillone, um die Zusammengebrochenen auf die

Beine zu prügeln. Als Hardenberg Iquitos erreichte, hatte sich sein Entsetzen in Engagement verwandelt. Er suchte den amerikanischen Konsul auf, doch der wollte nicht eingreifen, da keine amerikanischen Interessen auf dem Spiele standen. Hardenberg ließ nicht locker und wandte sich an die Anti Slavery Society, die soeben in London gegründet worden war. Seine Erlebnisse wurden im Truth-Magazin unter dem Titel *The Devils Paradise* abgedruckt und rüttelten die Öffentlichkeit und das Unterhaus auf, das die Einsetzung einer Untersuchungskommission forderte.

Die Parallelen zur Situation in Zentralafrika waren augenfällig, und es gab keinen geeigneteren als den britischen Konsul Roger Casement, die Zustände am Putumayo zu überprüfen.

Casement´s Kongo-Report hatte ihn 1903 über Nacht berühmt gemacht. Sein lebendiger Bericht hatte der Welt die Greueltaten König Leopold II. von Belgien vor Augen geführt. Der belgische König hatte den Kongo in die Hölle auf Erden verwandelt und das ausgeblutete Land erst auf außen- und innenpolitischen Druck an den eigenen Staat verkauft. Die Kolonialverwaltung war getrieben von der Gier nach Kautschuk, Elfenbein und Mineralien. Sie behandelte die Schwarzen schlimmer als die Tiere. Die Dörfer waren zerstört und die Bevölkerung um sechzig Prozent dezimiert worden.

Casement liebte Afrika. Es war der erträumte Kontinent seiner Generation nach den Entdeckungen von Livingston und Stanley. Die weißen Flecken auf der Landkarte verwandelten sich erst langsam in Farbtupfer. Die Europäer, die sich Elefantenjagden, Entdeckungen und Geschichten verschrieben hatten, trafen sich in den Hafenstädten Schwarzafrikas.

Joseph Conrad sammelte Stoff für seinen Roman *Im Herz der Finsternis* und beschrieb Casement als einen «*frommen protestantischen Iren, eine offene Persönlichkeit mit Eroberungsdrang, der mit einem Spazierstock, zwei Bulldoggen und einem Diener, der das Gepäck für alle trug, in den Dschungel hineinspazierte und einige Monate später wieder herauskam, ein bißchen hagerer, ein bißchen brauner als zuvor, aber so heiter als hätte er gerade einen Parkspaziergang hinter sich gebracht.*»

Auch Casement hatte literarische Ambitionen. Seine Sprache blies Leben in die trockenen Länderberichte der Diplomaten, die Jahr für Jahr im Papierkorb landeten und für seine Kollegen lästige Pflichtübungen darstellten. Die britischen Konsuln jener Zeit waren Reisende und freie Mitarbeiter des Foreign Office, ambivalente Gestalten ohne materielle Sicherheiten. Wenn der Lohn ausblieb, verkauften sie schon mal das Büroinventar.

Der Beruf verstärkte die Zerrissenheit in Roger Casement. Er geriet in einen tiefen Loyalitätskonflikt zwischen der britischen Krone und seiner irischen Herkunft. Er versuchte bei seiner Arbeit über den Interessen Englands zu stehen, so wie er als Sohn eines protestantischen Vaters und einer katholischen Mutter über den Konfessionen stehen wollte. Er sah sich als Botschafter der Unterdrückten und Rechtlosen, jenseits aller Staatsgrenzen.

Die Artikel im Truth-Magazin waren von vielen europäischen und südamerikanischen Zeitungen nachgedruckt worden. Die Pressekampagne machte Arana nervös. Auch der schwelende Grenzkonflikt mit Kolumbien beunruhigte ihn.

Casement war ein prominenter Menschenrechtsaktivist, den man nicht so einfach verschwinden lassen konnte wie den romantischen Franzosen Robuchon, der sich in ein Indianermädchen verliebt und sie geheiratet hatte. «Dieser Narr», dachte Arana,«hätte jeden Tag ein neues Mädchen haben können. Aber statt sich zu vergnügen und Land zu vermessen, hatte Robuchon begonnen, Indianer in Ketten zu photographieren. Sollte Whiffen nur nach der Leiche von Robuchon im Dschungel fahnden. Er würde sie nicht finden und könnte schreiben, die Kannibalen hätten ihn verspeist. Wäre die Angelegenheit mit Hardenberg nicht passiert, stünde es mit dem Unternehmen zum Besten. Nun aber rückte die Untersuchungskommission an. Noch waren die Kurse der Company stabil, aber die Unruhe war schlecht fürs Geschäft. Er mußte einen Käufer für seine Aktienmehrheit finden, bevor Casement den Untersuchungsbericht abschloß.»

Arana ahnte nichts von der Homosexualität des britischen Diplomaten, sonst hätte er die Untersuchung vereiteln können. Der Generalkonsul sammelte auf dem Weg nach La Chorrera die Beweise, die den Bericht von Hardenberg bestätigten. Er verhörte tagtäglich die Vorarbeiter aus Barbados, für die die Briten zuständig waren.

Die gepeinigten nackten Körper, der alltägliche Wechsel von Hitze und Regen, von an- und abschwellenden Flußläufen bedrückten und erregten Casement, während er bis in das Quellgebiet des Río Cahuinarí vordrang. Seine Phantasien verstrickten sich in einer Welt aus Schmetterlingen, Erektionen und Erschöpfungszuständen. Er badete mit den Indianern, verliebte sich in einen Andoke-Jungen, dem er eine Reithose schenkte, und träumte davon, den bronzenen Körper mit nach Hause zu nehmen.

Der Untersuchungsbericht erschien erst zwei Jahre später und wurde zum detaillierten Protokoll des Schreckens. Das Unternehmen Aranas war auf brutale Ausbeutung, Menschenhandel und Völkermord gegründet. Die Company hatte den Regenwald in ein Schlachtfeld verwandelt.

Von fünfzigtausend Indianern hatten nur achttausend überlebt.

Casement wurde zum Ritter geschlagen. Der Londoner High Court machte Arana für die Verbrechen der Gesellschaft verantwortlich. Die Gesellschaft wurde liquidiert. Aber ein Schuldspruch blieb aus. Kaum einer der Verantwortlichen wurde zur Rechenschaft gezogen. Die peruanische Regierung ließ die Affäre im Sande verlaufen. Casement trat von seinem Amt als Konsul zurück und widmete die drei letzten Lebensjahre dem Freiheitskampf der irischen Heimat. Bereits während seines Südamerikaauftrages hatte er vom «Irischen Putumayo» gesprochen und damit die englische Besatzung Irlands gemeint. Inzwischen sah er das Leiden des eigenen Volkes wie im Spiegel der Leiden von Schwarzen und Indianern. Er ging nach Deutschland, um Verbündete im Kampf gegen die Engländer zu suchen. Die deutsche Generalität spottete über ihn und nutzte seinen Ruf zu Propagandazwecken. Als er den Deutschen nutzlos wurde, setzten sie ihn mit einem U-Boot an der Küste ab, wo ihn die Engländer festnahmen.

Sie brachten ihn in den Londoner Tower und verurteilten ihn wegen Hochverrats zum Tode durch den Strang. Arana schickte ihm ein Telegramm in die Zelle, das ihn aufforderte, im Angesicht des Todes seine Anschuldigungen zurückzunehmen. Die Peruaner deuteten die Hinrichtung von Casement als Rehabilitierung Aranas. Arana wurde neunzig Jahre alt. Der Journalist Emilio Delboy schrieb in einem Nachruf 1954: *«Er starb aufrecht, wie die Bäume des Waldes, die ihn immer so fasziniert hatten.»*

Der tote Casement entzweite noch Jahrzehnte nach seinem Tod Iren und Engländer, Freidenker und (selbsternannte) Moralisten. Er wurde als «perverser Verräter» abgelehnt oder als «heiliger Patriot» vereinnahmt. Hunderte von Artikeln und Büchern galten Roger Casement. Anhänger und Gegner stritten um die Echtheit seiner Tagebücher. War Casement ein bekennender Homosexueller oder hatte der Secret Service die Aufzeichnungen gefälscht? Aus dem einsamen weltverlorenen Konsul war ein Streitfall der englischen Geschichte geworden.

23

Freddy kam nicht mit auf die Fahrt entlang des Río Cahuinarí. Er wollte versuchen Capitán Boa für eine Yagésitzung zu gewinnen.

An der Einmündung des Río Cahuinarí in den Río Caquetá lag die Hütte der Nationalparkverwaltung. Der Nationalpark besteht seit 1987 und hat eine Fläche von über einer halben Million Hektar. An einem Baum am Ufer war ein Boot aus Aluminium mit einem hochgeklappten 40 PS Außenborder vertäut. Es war das Boot der Inderena.

Mario machte das Kanu fest. Wir stiegen aus. Um uns herum wirbelten brummende Bienen, Fliegen und Käfer in unterschiedlichen Größen und Farben, schillerndblau, silbriggrün, rot und gelb.Der Empfang durch die Nationalparkverwaltung war frostig. Die drei Biologen aus Bogotá ließen uns vor dem Eingang der Hütte stehen, und ich wartete vergeblich auf ein «*Siga!*» wie es sonst selbstverständlich war. Mißtrauisch beäugten mich die kolumbianischen Jungforscher, und ich meinte ihre Gedanken zu lesen. «Konkurrenz? Gringo! Jetzt kommen die Touristen bereits in dieses, so abgelegene Gebiet, *unser* Gebiet.» Einer von ihnen trug einen Schnauzer. Er ermahnte Mario, kein Wild zu schießen und schon gar keinen Tapir.

Mit halber Kraft fuhren wir in den Río Cahuinarí hinein. Der Río Cahuinarí, der an seiner Mündung vielleicht dreihundert Meter breit war, wurde schnell enger. Der Fluß verlief in Schlangenlinien. Die Ufer waren zum Greifen nah. Die Waldfront war mit Kletterpflanzen dichtbewachsen. Aus diesen Blättervorhängen, die sich wie ein

Wasserfall von den überwucherten Bäumen zwanzig Meter herabstürzten, stachen Palmenkronen und der Arbol Amarillo mit seinen leuchtendgelben Blüten hervor. Schaumkronen und Schlieren trieben auf dem Fluß entlang. Ich ertappte mich dabei, daß ich dieses Phänomen mit verschmutztem Wasser assoziierte, doch es war fermentierendes Blätterwerk.

Der Außenborder lief leise. Langsam folgten wir den Flußwindungen. Erst im letzten Moment flogen die Schwalben und Eisvögel, die auf im Wasser liegenden Brettwurzeln und umgestürzten Bäumen saßen, vor unserem Boot auf.

Die Schwalben jagten dicht über die Wasseroberfläche und ließen sich hundert Meter weiter auf dem nächsten umgestürzten Baum nieder. In großen Gruppen passierten blaugelbrote Aras den Himmel über dem Fluß. Sie trugen die Landesfarben Kolumbiens und wurden patriotisch «Guacamayo Tricolor Colombiana» genannt. Ihr Krächzen hing noch lange in der Luft und wechselte mit dem aufgeregten Kreischen Grüner Amazonensittiche, die in Schwärmen kreuz und quer durch die Lüfte schossen.

Die Lagune de Boa und die Lagune de Chontadorillo ließen wir rechts liegen. Wir passierten den Paso de Coco und fuhren dann eine Quebrada hinauf bis zum Salar de Yuca .Wahre Wunderdinge hatten mir die Bora und Miraña vom Salar de Yuca erzählt. Capitán Boa hätte an dieser Stelle einer Gruppe von fünfzehn Tapiren aufgelauert und acht mit der Escopeta erschossen.

Die Quebrada wurde mit jeder Windung enger. Bald konnten wir mit den Händen die Ufer berühren. Mario nahm die Machete zur Hilfe, und wir schlugen uns einen Weg durch ein Gestrüpp aus umgestürzten Bäumen und Büschen. Äste, die aus dem Wasser ragten, hoben wir über uns hinweg, so daß das Boot hindurchgleiten konnte. Alirio hatte den Motor abgeschaltet. Mario, der im Bug saß, legte die Machete zur Seite und tauchte sacht das Paddel in das tiefschwarze Wasser. Wir scheuchten einen Aguti auf, ein wieselgroßes Tier, als wir am Ufer festmachten. Bevor Mario die Escopeta anlegen konnte, war er im Unterholz verschwunden. Wir folgten einem schmalen Pfad und erreichten nach wenigen Minuten schlammiges Gelände. Festen Untergrund boten nur die Wurzeln, der aus dem Morast herausragenden Bäume. Von einem Wurzelpflock sprangen wir zum nächsten. Sobald ich mit den Gummistiefeln abrutschte, sank ich glucksend ein und kam nur unter großen Mühen voran. Auf dem Morast hatten sich unterschiedlich große Tümpel gebildet. Die Luft war erfüllt von Moskitos, Zancudos und Tabanos. Tabanos waren große Stechfliegen, deren Stiche noch schmerzhafter waren als die der Zancudos und mich wie Stromstöße aus einem Elektrokabel trafen. Die Viecher bissen durch Hemd und Hose, und ich war nach kurzer Zeit zerstochen.

«Die Maloca des Tapirs», flüsterte Mario.

Wir hatten den Tapirsumpf erreicht. Die Heerscharen von Stechfliegen und Zecken schienen den Tapiren nichts auszumachen. Ich wünschte ich wäre einer von ihnen und könnte mich bis über die Ohren im Schlamm eingraben.

Ich blieb stehen und versuchte so ruhig wie möglich zu atmen. Wir horchten durch das unerbittliche Summen der Insekten in das Dickicht und warteten auf das Auftauchen der gemächlichen Riesen. Ich versuchte mir das Geräusch eines Tapirs vorzustellen, der durchs Unterholz pirschte. Er würde wie ein Koloß in Gummistiefeln durch den Wald stapfen. Ein ausgewachsener Tapir konnte bis zu zweihundert Kilogramm schwer werden. Mario lud die Escopeta. Er klappte den Lauf hinunter und schob eine Patrone in die Kammer. Mit einem Knacken rastete der Lauf ein. Alirio wedelte mit der Machete wie mit einem Fächer. Wir warteten. Zehn Minuten, zwanzig Minuten, auch nach einer halben Stunde hörten wir keinen Tapir. Nicht weit von uns standen die Überreste eines eingestürzten Unterstandes, bedeckt mit vertrockneten Puiblättern.

«Das ist der Unterstand von Capitán Boa», sagte Mario.

Wir liefen zum Boot zurück. Mario entdeckte die frische Fährte eines Tapirs. Die drei Zehen des friedlichen Pflanzenfressers, die sich tief in den Schlamm eingegraben hatten, zeigten eine gewisse Ähnlichkeit mit der Klaue des Tyranosaurus.

«Heute morgen ist ein Tapir hier vorbeigekommen», urteilte Mario fachmännisch und schaute von rechts nach links ins Unterholz, um den Weg des Tieres nachzuvollziehen. Einige Meter weiter lag ein ausgeblichener Tapirschädel.

Langsam trieben wir aus der Quebrada zurück.

Das gesamte Amazonasgebiet war von solchen Quebradas durchzogen. Wie die Blutbahnen des Körpers verästelten sie sich in immer feinere Kanäle. Das Wasser hatte sich durch das Tannin des Laubs verfärbt. Manche Quebradas waren golden, andere blutrot. Wenn ich meine Wasserflasche füllte, kam es mir wie Rotwein vor. Die Äste hingen uns ins Gesicht, und das Wasser brauste über umgestürzte Baumstämme. Das Licht drang nur diffus bis zu uns nach unten, und die Temperaturen waren angenehm frisch.

Die Quebradas waren die kleinsten Einheiten des Wassermeeres Amazonas. In den Quebradas nahm der ewige Kreislauf des Regenwaldes seinen Ursprung. Das Wasser überflutete das Land. Der Fluß mäanderte über die Ufer. Das Wasser trat zurück. Die Luft saugte sich voll und entließ das Wasser. Der Wolkenhimmel entlud sich mit Blitzen, der Himmel öffnete sich und der Wind vertrieb die Wolken. Die Trennungslinie zwischen Land und Wasser war aufgehoben. Alles ging ineinander über. Die so tief in unserem Bewußtsein verankerte Vorstellung einer exakten Trennung der Welt in die Elemente Wasser, Erde, Luft und Feuer geriet ins Wanken.

Vor zweitausendfünfhundert Jahren hatte der griechische Philosoph Empedokles die vier Elemente aus dem Apeiron, dem Urstoff, dem Unbestimmten und Grenzenlosen geschieden. Doch während Empedokles das Werden und Vergehen als eine ständige Vermischung dieser Elemente betrachtete, suchten wir die Naturgewalten auf Distanz zu halten. Deshalb, so mutmaßte ich, während wir unseren Weg durch überwucherte Kanäle suchten, die in alle Richtungen auseinanderstrebten, versuchten wir auch mit Dämmen das Hochwasser niederzuhalten, damit das Wasser die Erde nicht überflutete. In der Welt aus der ich kam, mußten Überschwemmungen verhindert werden, weil sie verheerende Folgen anrichteten. Hochwasser durften in ihr keinen Platz mehr haben.

Im Amazonas bedrohte das Wasser nicht das Land wie in Bangladesch oder an der Nordseeküste, hier befruchtete es das Land. Die periodischen Überflutungen weiter Flächen des Amazonasgebietes waren lebensnotwendig für die Biomasse. Sie hielten das natürliche Gleichgewicht dieses komplexen Ökosystems aufrecht. Die Wasserstände pendelten jedes Jahr um über zehn Meter. Die Flüsse waren keine toten Wasserrinnen, sondern dynamische Charaktere, die mit dem Hochwasser Sedimente aus den Anden herantrugen. An diese Bewegung paßten sich die Lebewesen an. Ein Viertel aller Fischarten ernährte sich von Ameisen, Spinnen, Heuschrecken, Libellen und anderen Landinsekten.

Der Aruanafisch, den die Indianer «Mico del Aqua», Wasseraffe, nannten , sprang, aus dem Wasser um Schwalben oder Fledermäuse zu fangen. Der Gamitana ernährte sich von den herabfallenden Früchten des Kautschukbaumes, nach denen er in den Überflutungsgebieten schnappte. Die Fischer hatten sich seine Angewohnheit zunutze gemacht und versuchten die fallenden Früchte mit balltragenden Gewichten zu imitieren. Nur im Amazonasgebiet lebten fischende Fledermäuse. Mit ihrem Echolot folgten sie dem Ausgangspunkt der Wellenbewegung, die der Fisch an der Wasseroberfläche hinterließ und griffen ihn mit ihren langen Beinen aus dem Wasser.

Es war unmöglich, feste Grenzen zu ziehen. Jede Überschwemmung veränderte die Flußläufe, die Ufer, die ganze Geographie des Landes. Wenn das Hochwasser abfloß, hinterließ es ein neues Land mit neuen Flüssen und neuen Ufern.

Die Geschichte der Hochkulturen am Nil wie im Zweistromland an Euphrat und Tigris war die Geschichte von Überschwemmungen. Die periodischen Überflutungen Ägyptens hatten dem Land reiche Ernten gebracht und eine hundertjährige Blütezeit ermöglicht. Die Überschwemmungen waren ein natürliches Bewässerungssystem. In den Überflutungsgebieten am Casiquiarefluß glaubte Humboldt ähnliche Voraussetzungen vorgefunden zu haben. Er sagte den geschichtslosen Ufern eine große Zukunft voraus.

Alle sechs Monate stülpte sich die Welt aus der Sicht der Indianer um. Mit dem Einsetzen der Regenzeit zogen sie sich in die Maloca zurück. Dann war die Zeit des Nachdenkens und der Geschichten gekommen, denn auch die Fische zogen sich zurück. Die Indianer glaubten, daß die Fische eine große Maloca auf dem Grund der Flüsse bewohnten, die identisch mit ihrer Maloca auf dem Lande sei. Sie liebten die Geschichte des Kaiyoyo Bollayma, dem einzigen Menschen, der die großen Überschwemmungen überlebt hatte und sich für einem kurzen Augenblick mit einer Nixe vereint hatte.

Als der Wasserpegel sank, lief Kaiyoyo Bollayma in den Wald und suchte nach anderen Überlebenden, aber er fand niemanden. Er war allein. Einsam setzte er sich an das Ufer des Flusses und pflanzte einen Caimobaum, und das Leben begann von neuem. Als die Früchte reif waren, schlug er sich den Bauch voll. Dann setzten erneut große Regenfälle ein, und das Wasser des Flusses stieg bis zu den Wurzeln des Caimobaumes. Aus dem Fluß entstieg ein wunderschöner Fisch. Es war eine Nixe, und sie hieß Giacoñó. Bollayma hielt den Atem an und lockte sie mit einer Caimofrucht, die er sich auf den Bauch legte. Als sie nach der Frucht schnappte, legte Kaiyoyo Bollayma fest die Arme um sie und zog sie an sich. Bevor sie ihm entgleiten konnte, liebten sie sich. Giacoñó konnte nicht auf Erden bleiben. Sie kehrte zurück ins Reich der Fische. Kaiyoyo Bollayma folgte ihr, und sie erreichten die Maloca ihrer Familie. Die Fische luden ihn ein, die Früchte des Chontaduro zu probieren, die auf Erden unbekannt waren. Bollayma mochte diese Früchte und wollte sie auf die Erde mitnehmen, denn er konnte nicht bei den Fischen bleiben. Er nahm sich eine Handvoll, verließ die Maloca und pflanzte die Früchte am Ufer des Flusses ein. Der Herr der Fische tobte, als er von dem Diebstahl erfuhr. Er ließ den Fluß anschwellen und holte den Chontaduro zurück ins Wasserreich. An der Stelle des Chontaduro fand Bollayma einen Krebs, den er zertreten wollte.

'Töte mich nicht', sagte der Krebs, 'denn ich habe dir einen großen Dienst erwiesen. Ich habe die Wurzel für dich abgebissen und gerettet, denn du kannst ohne Chontaduro nicht überleben. Pflanze sie ein und füttere sie mit Ambil und Koka.' Bollayma tat was ihm der Krebs geraten hatte, und der Chontaduro wurde aus der Gefangenschaft der Fische befreit.

Die Vorstellung des immer wiederkehrenden Neubeginns nahm mich gefangen. Die Bewegung um mich herum versetzte mich in Hochstimmung. Es gab doch noch Hoffnung auf einen Neubeginn. Ich konnte die festgeschriebenen und festzementierten Denkgewohnheiten meiner Welt hinter mir lassen. Das tägliche Grauen aus hetzenden Menschen, Supermärkten, Verkehrsstaus, Parkplatzsuche, Handyklingeln und Fernsehbildern lag unendlich weit hinter mir. Amazonien war das Land, dem ich mich auslieferte. Alles war direkt, ohne Filter. Alles entstand neu.

Auch Empedokles hätte es am Amazonas gefallen. Das Leben war für ihn Mischung und wechselnder Tausch des Gemischten, eine Vorstellung, die der indianischen entsprach. Erst die Menschen der Neuzeit hatten seine Einteilung als Trennung begriffen.

Ein Schlag auf das Wasser holte mich in die Wirklichkeit zurück. Mario hatte einen Kaiman entdeckt, der seine Schnauze über Wasser hielt und schlug ihm mit der Machete in den Nacken. Der Kaiman zappelte, das Wasser spritzte auf. Zum Abtauchen kam er nicht. Dann war es ruhig. Das Tier drehte sich zur Seite. Zum Vorschein kam der Bauch, weiß wie Elfenbein. Das Wasser färbte sich rot, und Mario zog den Kaiman am Schwanz ins Boot. Er strahlte über sein Jagdglück und entblößte seine Zahnlücken.

An der Einmündung zum Río Cahuinarí suchten wir flußaufwärts einen Platz für die Nacht. Das Boot zerschnitt die spiegelglatte Oberfläche des Flusses. Am späten Nachmittag fielen die Sonnenstrahlen schräg von der Seite und färbten das Grün des Waldes golden. Neben dem Boot flatterte gedankenverloren eine Fledermaus und zeigte uns einige Augenblicke lang ihren ockerroten Bauch. Dann drehte sie ab.

«Dort», Mario zeigte auf ein hervorspringendes Uferstück, «werden wir die Nacht verbringen.»

Wir hatten Hunger. Seit unserem Aufbruch von Puerto Remanzo hatten wir nichts gegessen. Zum Angeln brauchten wir Würmer. Mario grub den Schlamm der Uferböschung mit dem Paddel auf und zog fingerdicke Regenwürmer aus dem Boden. Er setzte sich in den Bug und warf die Angelschnur aus Nylon kreisend wie ein Lasso. Zwanzig Meter entfernt schlug der Haken ins Wasser. Nach wenigen Minuten spannte sich die Schnur. Mario zog langsam, aber stetig. Wir starrten auf das bräunlichgrüne Wasser. Mario schwenkte den Arm nach links und rechts. Am Ende der Schnur tauchte ein Fisch mit langen Barten am Maul auf. *«Platsch!»* fiel er ins Boot und wälzte sich müde hin und her. Es war ein Barbachata, ein kleiner Wels. Die meisten Fische gehören zu dieser Art, und es gibt Hunderte unterschiedlicher Bartenfische, die sich untereinander oft erstaunlich ähnlich sehen. Wenn ich glaubte, einen Fisch wiedererkannt zu haben, lag ich jedesmal falsch.

«*La misma familia*», sagte Mario nachsichtig.

Alirio angelte zwei Palometas, die er als Köder für den morgigen Tag in den Bug legte. Das war einfacher, als Würmer zu suchen. Seit Tagen regnete es nicht. Am Amazonas eine Seltenheit. Der Januar war der trockenste Monat am Río Cahuinarí. Es gab ausreichend Feuerholz.Wir erklommen das Ufer. Mit der Machete schlug ich ausgetrocknetes Holz aus den Büschen und entfachte ein Feuer. Im Topf setzte ich Reis auf. Ich hatte meine Plastikschale, Löffel und

Gabel mitgenommen. Mario und Alirio hatten nichts dabei außer der blauen Schmierseife, ihren Hängematten, Macheten und der alten Escopeta.Ich reichte Alirio den Topf ins Kanu hinunter. Er schuppte den Barbachata mit der Machete, schnitt ihn auf und warf die Gedärme mit der Fischblase in den Fluß. Die Blase trieb stromabwärts und begann plötzlich auf dem Wasser zu tanzen. Ein Schwarm Piranhas war angelockt worden und balgte um die Beute.

Alirio schnitt das Fleisch in handgroße Portionen. Ich machte Feuer. Mario schlug eine Kerbe in einen Stock, die als Halterung für den Topf diente. Er schnitzte Löffel aus Baumrinde und suchte im Unterholz nach ledernen herzförmigen Blättern, aus denen er Tüten drehte, die er mit kleinen Stöckchen feststeckte. Ich füllte Reis und Fischsuppe hinein. Das Fleisch war zart und hatte wenig Gräten. Wir aßen hungrig. Müde lehnte ich an einem Baumstamm. Hinter den Bäumen war die Sonne verschwunden und hatte den Himmel in leuchtendes Orange getaucht. Ich wollte ausgestreckt liegenbleiben. Ich dachte nicht an Giftschlangen oder andere Gefahren. Ich war völlig entspannt. Mit der Dämmerung wurde es Zeit, die Hängematten aufzubauen.

«Wohin?» fragte ich Mario.

Er zeigte auf die überwucherten Bäume hinter uns. Mit der Machete schlugen wir auf Schling- und Kletterpflanzen, herabhängende Lianen und Sträucher ein, um Platz zwischen den Baumstämmen zu schaffen. Ich kam Ameisenstraßen in die Quere. Beim Aufhängen der Hängematte griff ich mitten hinein. Die Ameisen krümmten und verbissen sich in die Haut. Sie hinterließen ein starkes Brennen, das noch lange andauerte.

Pro Quadratmeter beanspruchen Ameisen den größten Anteil der Biomasse. Es gibt sie überall in unterschiedlichsten Größen und Farben, vereinzelt die schwarze, drei Zentimeter große Conga, in Millionenstärke das Heer der roten Feuerameisen. Sie sind unentwegt damit beschäftigt, den Dschungel in seine Einzelteile zu zerlegen. Sie sind die großen Allesverwerter und Entsorger.

Mario und Alirio sprangen vom Kanu in den Fluß, wuschen sich mit blauer Schmierseife und tauchten unter. Der Gedanke, in der Dämmerung in den Fluß zu springen, behagte mir nicht. Jetzt wurden die Fische aktiv. Ich schaute in das trübe Wasser des Río Cahuinarí und dachte an das Gruselkabinett aus blutrünstigen Piranhas, abstoßend häßlichen Zitteraalen, deren glibberig schwammige Masse Stromstöße austeilte, heimtückischen Rochen, die nur darauf warteten, ihren Giftstachel in mein Fleisch zu bohren.

Aber am meisten ängstigte ich mich vor dem Däumling der Fische, dem Candiru, einem kleinen Schmarotzerfisch. Auch er gehört zur großen Welsfamilie, der nur einige Zentimeter lang wird und der scheußlichen Gewohnheit nachgeht, dem Uringeruch nachzuschwimmen und sich in der Harnröhre einzunisten. Ich war verschwitzt und wollte mich abkühlen. Um mir Mut zu machen und mögliche Angreifer zu vertreiben, schlug ich energisch mit der Handfläche auf die Wasseroberfläche und sprang in der Badehose in den Fluß. Ich schloß die Augen, zog mich am Rand des Kanus hoch und seifte mich ein. Ich sprang ein zweites Mal hinein und öffnete unter Wasser die Augen. Ich war von einem warmen trüben Gelb umgeben, in dem scharenweise winzige Fische und Larven schwebten. Sie knabberten an meiner Haut und erzeugten ein angenehmes Kribbeln.

In der Zwischenzeit hatte Mario ein Gestell errichtet, um den Kaiman zu räuchern. Dann verschwand er im Unterholz und kehrte mit einem Büschel aus Puiblättern zurück, die er zu Dachmatten flocht.

«Wird es regnen?» fragte ich.

«Wer weiß.»

Ich schaute zum Himmel und sah Mond und Sterne.Die Glut des Lagerfeuers verrauchte. Wir verzichteten auf hohe Wachtfeuer, zwischen denen die Reisenden des letzten Jahrhunderts aus Angst vor angreifenden Jaguaren und Kaimanen genächtigt hatten.

Mario und Alirio hatten ihre Hängematten in wenigen Sekunden aufgehängt. Sie wickelten sich in den Stoff wie in einen Kokon ein und schauten mit dem Kopf heraus, während ich das Moskitonetz an den Büschen festmachte und die Stiefel unter die Hängematte stellte. Es regnete nicht. Mich weckte ein Rauschen im Wald. Es war wie der Auftakt zu einem Sturm, der entfernt eingesetzt hatte und nun näherkam. Ich richtete mich in der Hängematte auf. Die Blätter bewegten sich nicht. Es waren die Rufe einer Horde von Brüllaffen. Ameisen liefen über das Moskitonetz. Ich schälte mich aus der Hängematte, schüttelte die Stiefel aus, um zu sehen, ob darin nicht ein Skorpion oder eine Schlange übernachtet hatte. Dann schöpfte ich Wasser aus dem Fluß, um Kaffee zu kochen. Ich zog meinen Pullover an. Mir war kalt. Der Tag kroch heran, sechs Uhr, in zwei Stunden würde es wieder heiß sein. Mario und Alirio lagen noch tief vergraben in ihren Hängematten.

24

Die Luft schwirrte. Wir dümpelten auf dem Lago de Pescado umgeben von Gestrüpp, dessen Wurzeln im Wasser standen, mittendrin in der überfluteten Vegetation des Igapó, mit seinem transparenten schwarzkristallinen Wasser. Silberngelb gestreifte Wespen, Fliegen in metallischem Grün und schillerndblaue Hummeln saugten an den Schuppen der Palometas, deren Geruch sie verrückt machte. Außer dem Surren der Insekten war kein Geräusch zu hören. Lautlos schwebte ein Adler in großen Höhen und nutzte das Auf und Ab der Luftströmungen. Ich konnte sehr gut den weißen Kopf ausmachen.

«Eine Harpía, sie hält Ausschau nach Barrigudoaffen», sagte Mario.

«Hoffentlich entdeckt sie Freddy nicht», sagte ich und wir lachten leise.

Wo der Lago de Pescado in das bräunlichgrüne Wasser des Río Cahuinarí floß, warfen wir die Leine aus. Es wimmelte von Piranhas, und sie rissen in ihrer Gier die Palometastücke einschließlich der Haken von der Leine.

Alirio und Mario riefen abwechselnd:

«Haken!» «Haken!»

Mein Vorrat aus Leticia schmolz dahin. Wir ließen uns stromabwärts treiben. Riesentukane segelten über uns hinweg und wechselten die Uferseite. Sie hielten sich dicht über den Baumkronen, und ich erkannte sie gegen das glänzende Blau des Himmels an ihrem eigenwilligen Flugverhalten und den riesigen Schnäbeln. Drei schnellen Flügelschlägen folgte ein absackender Segelflug, der durch erneutes Flügelschlagen korrigiert wurde, um wieder an Höhe zu gewinnen. Neben dem Bootsrand tauchte plötzlich ein schwarzer Kopf aus dem Wasser auf, schaute neugierig in unsere Richtung und tauchte wieder ab. Es war ein Riesenotter. Wir trieben an der Böschung aus dichtem Blätterwerk entlang und hielten nach einer natürlichen Landestelle Ausschau. Der gefallene Pegelstand hatte einen Vorsprung freigelegt, der nicht überwuchert war.

«Laßt uns an dieser Stelle die Nacht verbringen», entschied ich, «wir haben einen guten Blick auf den Fluß.»

Mario gefiel der Platz nicht.

«*Mala idea*», meinte er, «wenn es regnet, werden wir naß. Hier wachsen keine Puipalmen.»

«Es wird nicht regnen», sagte ich.

In den Seen und Sümpfen des Río Cahuinarí laichten viele Fischarten, der Gamitana, der Bocachico, der Pintadillo und der Lechero. Hier lag der Ursprung des Lebens für die Bora und Miraña. Im Lago de Boa ragten schieferfarbene Bäume wie gewaltige Säulen aus dem Wasser und hoben ihre blattlosen Äste in den Himmel. Sie wirkten wie verwachsen mit der schwarzblauen Oberfläche, in der sie sich spiegelten. Durch das dunkle transparente Wasser schauten wir auf den Grund. Im Geäst umgestürzter Bäume schwammen Tucunarés. Uns lief das Wasser im Mund zusammen. Das waren echte Leckerbissen. Wir versuchten zu angeln, aber die Fische durchschauten den Trick.

«Das sind die Lieblingsfische des Dueno del Pescado. Sieh nur, der Herr der Fische hat sie mit Punkten an der Flosse markiert und rückt sie nicht heraus», sagte Mario.

Der Zusammenfluß von Lago de Boa und Río Cahuinarí war wie ein Miniatur-Encuentro de los Ríos, ein Schauspiel, das immer dann zu sehen ist, wenn Schwarzwasserflüsse und Weißwasserflüsse aufeinanderstoßen. Der bekannteste und beeindruckendste Zusammenfluß ist der von Río Negro und Río Solimaus bei Manaus, der von dort an Amazonas heißt. Kilometerlang schieben sich die gewaltigen Fluten nebeneinander her, bis sich die Wassermassen vermischen. Dies war geradezu das Strukturprinzip des Amazonas, das kleine Einmaleins der Flüsse sozusagen. Künstler und Politiker hatten es zum Sinnbild der Blutsvermischung zwischen Weißen und Indianern erhoben. Im Theater von Manaus war der große Zusammenfluß von einem italienischen Maler im Jahre 1895 an die Wand gebannt worden. Hinein in die Vereinigung hatte er eine indianische Wassernixe gesetzt, deren Haut weiß wie die einer Engländerin des viktorianischen Zeitalters war. Die Quelle der Weißwasserflüsse lag in den Anden, ein junges Gebirge mit nährstoffreichen Böden. Die Schwarzwasserflüsse entsprangen im Amazonasgebiet zwischen den nackten Gesteinen des Guyanaschildes, deren Nährstoffe die Erosion längst davongetragen hatte. Schon zu den Zeiten als Südamerika mit Afrika und der Antarktis den Urkontinent Gondwana bildete, gab es die Gesteine, durch die die Schwarzwasserflüsse zogen.

Die Zusammenflüsse waren gute Angelplätze. Wir holten Fisch um Fisch aus dem Wasser. Fette schwarze Piranhas bissen sich an den großen Haken fest, die wir nun benutzten. Im Boot sprangen sie wild hin und her, indem ihre Muskeln wie bei einer Feder kontrahierten. Jetzt waren sie am gefährlichsten. Wenn ihre messerscharfen Zähne sich in einen Zeh oder Finger verbissen, hätten sie ihn leicht abtrennen können. Ich hielt die Fische zwischen den Oberschenkeln fest, drückte den Daumen durch den Kiemendeckel und öffnete ihnen so das Maul. Während ich den Haken entfernte, warf ich einen Blick auf die gleichmäßig gezackten messerscharfen Zahnreihen. Mich hatte das Jagdfieber gepackt. Es machte mir Spaß, die widerstrebenden Piranhas festzuhalten und ihnen den Haken herauszuziehen. Mario bremste mich.

«Genug», sagte er, «es reicht, mehr brauchen wir nicht um satt zu werden.»

Wir waren nicht die einzigen Fischer. Um unser Boot schwammen zwei rosarote Delfine. Ihr lautes Prusten durchbrach die Stille des Mittags. Beim Auftauchen schoß ein meterhoher Sprühnebel aus dem Atemloch.

«Sie sind *bravos*. Sie sind wütend, weil wir ihnen die Fische wegnehmen», sagte Alirio leise, und es schien, als prahlten sie mit ihrer Angriffslust.

Wir steuerten das Ufer an.

«An diesem Ort hatten Fischer ein zwanzig Meter tiefes Schleppnetz quer durch den Fluß gespannt, mitten in unserem heiligen Land. Capitán Boa hat dafür gesorgt, daß sie nach La Pedrera zurückgekehrt sind», sagte Mario.

Aus jener Zeit stammten noch die Überreste eines Hüttenbodens und einige morsche Baumstümpfe, über die sich die Termiten hergemacht hatten. Am Ufer überdeckte pulvriger Sand eine meterdicke Blätterschicht, in die ich bis zu den Hüften einsank, als ich aus dem Boot stieg. Dabei hätte ich beinahe einen Rochen übersehen, der sich in geringer Entfernung in den Ufersand eingebuddelt hatte. «Wenn man sich völlig sicher fühlt, ist die Gefahr am größten», dachte ich.

Das Piranhafleisch in der Caldo schmeckte fade. Kaum lagen Reis und Fisch auf dem Teller, setzte der Regen ein. Wir lehnten uns an die Baumstämme und schlangen das Essen hinunter, bevor es im Regenwasser davonzuschwimmen drohte. Auf dem glitschigen Boden rutschten wir ins Boot zurück.

25

Ich trug meinen Rucksack in den Schulraum. Freddy war damit beschäftigt, die Knoten seiner Hängematte zu lösen.

«Was ist passiert? Willst du weg?» fragte ich. «Hat Yagé dich in Huxleys *Schöne Neue Welt* geführt?»

Freddy antwortete gereizt: «Auf deine Scheißbemerkungen habe ich gerade gewartet. Es hat keine Yagésitzung gegeben. Boa ist ein sturer Bock. Er wollte mich nicht auf meine Yagéreise begleiten. Da ich kein Indianer sei, könne er meine Yagévisionen nicht erklären, während die Bora und Miraña in ihren Visionen in die Welt ihrer Vorfahren eintauchten. Sie entdeckten die besten Jagdplätze, lernten Tänze und Gesänge und den Gebrauch von Heilpflanzen. 'Du hast mir das Bild deines Großvaters geschenkt', sagte Boa.' Er trägt einen Rock und er hat einen Sack unter dem Arm, in den er hineinbläst. Ich kenne deinen Großvater nicht. Ich kenne sein Jagdrevier nicht. Ich weiß nicht, warum er einen Rock trägt und warum er in den Sack bläst. Suche einen Schamanen deines Volkes, sonst wirst du nie verstehen, wo du herkommst und wo du hingehen mußt.' Mit diesen Worten beendete er unser Gespräch und ließ mich in der Maloca zurück. Ich habe die Reise nach Puerto Remanzo umsonst gemacht.»

«Habe ich dir doch gleich gesagt, daß du am Río Caquetá kein Glück haben wirst. Bei den Tukano am Vaupés klappt es bestimmt.»

«Mann gehst du mir auf den Geist mit deiner ewigen Besserwisserei. Aber das ist typisch für euch Deutsche.

Bevor ihr auf die Reise geht, lest ihr ganze Bibliotheken. Wochenlang hängt ihr im Tropeninstitut rum, und laßt euch Spritzen für jede nur erdenkliche Krankheit verpassen. Ihr seid alle Hypochonder.»

«Du Späthippy mußt ganz ruhig sein. Für dich ist das Leben der Indianer nichts anderes als eine Riesenfolkloreveranstaltung, die Zerstreuung deiner Langeweile. Schau mal in deinen Rucksack, der quillt über vor Artesanía-Artikeln. Die Indianer sind dir doch vollkommen egal.»

«Da hast du recht. Ich habe die Nase voll vom Dschungel. Ständig ist man verschwitzt, die Jején saugen einem den letzten Blutstropfen aus dem Körper, die Wäsche stinkt, und man fängt selbst an zu vermodern wie alles hier. Ich kehre um. Die Jungs von der Inderena nehmen mich mit nach La Pedrera. Dort steige ich in die Satena und fliege zurück nach Bogotá.»

«Zurück in deinen Hippyladen. Da kannst du den ganzen Tag im Dormitorio liegen, koksen und Marihuana rauchen», höhnte ich.

«Viel besser, Indianerjones! Ich fahre in den Tairona-Park und lege mich in die Hängematte mit Blick auf den Karibikstrand. Da steigt eine Wave-Party. Ich treffe Leute, die locker sind und keinen falschen Ehrgeiz an den Tag legen, irgendwelche Indianerwahrheiten zu entschlüsseln wie du.»

Unsere gemeinsame Reise, die zufällig begonnen hatte, nahm eine unerwartete Wende. Ich hatte mich manchmal über Freddy geärgert, wenn er sich teilnahmslos gegenüber den Geheimnissen des Dschungels und den Vorstellungen der Bora und Miraña verhielt, aber er unterschied sich doch von denjenigen, die wie die Lemminge den vorgezeichneten Routen folgten. «Heute ist Silvester, da kommst du sowieso nicht weg», sagte ich. «Es gibt Schildkrötensuppe, die solltest du dir nicht entgehen lassen.»

26

Am Nachmittag begannen die Vorbereitungen für das Silvesterfest. Am Wassertank auf der Rückseite der Schule zerlegten Mario und Alirio die Schildkröte. Mit einem kräftigen Ruck riß Mario ihr den Panzer vom Leib. Das hellrote, von gelbweißen Fettpolstern durchzogene Fleisch der skalpierten Schildkröte hatte etwas von der Farbkomposition eines Francis Bacon Gemäldes an sich. Die Mädchen schnitten Platanos. Es herrschte ein geschäftiges Durcheinander. Jeder wollte helfen, war aufgeregt und freute sich auf das Essen. Ein Topf, groß wie ein Benzinfaß, wurde auf zwei gewaltige Holzstümpfe gewuchtet. Dann köchelten die Kochbananen und die Charapa in der Caldo. Die Suppe warf Blasen, der Wasserdampf hüllte den engen Küchenraum ein.

Der vertraute Raum begann sich vor meinen Augen zu verändern. Die lodernden Flammen warfen Licht auf die lachend verzerrten Gesichter der Bora und Miraña, die nun noch dunkler erschienen. Die Glut brachte das Holz zum Knistern. Die Hitze wurde unerträglich. Wilde Augen schauten mich an. Ich glaubte eine Pauke zu hören. Die Indianer begannen zu tanzen. Ich sah sie nackt bis auf einen Lendenschurz aus weißem Tauiri-Bast. Ihre Körper waren mit roten Ornamenten aus Achiote bemalt, die Nasenflügel mit Holzpflöcken durchbohrt. Sie trugen einen Kopfschmuck aus bunten Tukan- und Arafedern. Die Schläge der Trocano begleiteten den Tanz der Krieger um den Topf. Mir wurde schwindlig und ich lief nach draußen.

Die Caquetáreisenden hatten die Bora und Miraña einst für Menschenfresser gehalten. Thomas Whiffen hatte die Aussagen seiner Vorgänger studiert und eifrig nach Belegen für diese These gesucht. In den Hütten fand er Menschenschädel und an den Hälsen einiger Indianer sah er Ketten bestückt mit Menschenzähnen. Aber mit eigenen Augen hatte Whiffen ebensowenig wie andere gesehen, wie einer der Bora genüßlich an einem Unterarm oder einem Oberschenkel eines erschlagenen Feindes knabberte. Whiffen mußte sich in wilden Spekulationen ergehen, schon um den Untertitel seines Buches zu rechtfertigen. Er berief sich auf drei Gründe als Beleg für den praktizierten Kannibalismus unter den Bora und Miraña am Caquetá. Seine Ausführungen kamen mir verworren und widersprüchlich vor. Gefressenwerden sei die schlimmste Strafe für den Feind innerhalb eines fein abgestuften Rachesystems zwischen verfeindeten Gruppen, meinte er. Außerdem bleibe in einer Mangelwirtschaft, wie dem Dschungel keine Nahrungsquelle ungenutzt, und der Esser nähme mit dem Fleisch auch Charaktereigenschaften des Verspeisten auf. Der beliebte Verzehr von Affenfleisch machte die Indianer am Caquetá verdächtig, denn geröstete Affen weckten Assoziationen mit verbrannten Säuglingen und verunsicherten die europäischen Reisenden. «Wer Affen ißt, schreckt auch vor Menschen nicht zurück», mag sich Whiffen gedacht haben. Auf jeden Fall sei Körperbehaarung zu vermeiden, um nicht mit einem Tier auf die gleiche Stufe gestellt zu werden und im Kochtopf zu landen.

Capitán João Manoel schien amüsiert über die Fragen von Martius nach dem Genuß von Menschenfleisch und offenbarte seine Vorliebe für das Fleisch der Karijona. Als er die Abscheu im Gesicht des Forschers bemerkte, fügte er hinzu, «*freilich ihr Weißen seid zu sauer.*» Er bewunderte die Weißen als die *«Schöpfer des Handels»*, eine Bewunderung, die bei den Bora und Miraña selbst die Greuel der Casa Arana überlebt hatte und nicht in Verbitterung umgeschlagen war.

Den Kannibalenmythos machte sich João Manoel geschickt zunutze. Die wilden Gerüchte, die er ausstreute, vereitelten alle Missions- und Kolonisationsbemühungen.

Dem Capitán der Miraña war die Vereinnahmung des Río Caquetá durch die brasilianische Verwaltung, die am Unterlauf des Flusses nach dem Vorrücken der Bandeirantes eingesetzt hatte, nicht verborgen geblieben. Die Indianer wurden zur Zwangsarbeit und zum Militärdienst herangezogen. Martius erlebte auf seiner Amazonasreise mehr als einmal, daß die Indianer ihn als Ausländer anflehten, bei den höheren Stellen Beschwerde gegen diese Zustände zu führen.

João Manoel betrieb eine weise Politik der kulturellen Abschottung, während er zugleich den Handel am Laufen hielt. Die Lingua Geral, die den Amazonasraum im neunzehnten Jahrhundert eroberte, lehnte er als Verkehrssprache für sein Volk ab, obwohl er sich in der Tupí-Sprache, die mit portugiesischen Brocken durchsetzt war, *«energisch auszudrücken verstand»*, wie Martius feststellte.

João Manoel wollte bei Martius nur insoweit einen guten Eindruck machen, als es dem Verkauf von Sklaven diente. Er gab sich roh und blutrünstig, denn er wußte, daß ein ausländischer Besucher den Ruf der wilden Miraña weitertrüge als ein brasilianischer Händler und für lange Zeit festigen würde. Martius entsprach den Vorstellungen João Manoels und ordnete den Miraña die Charaktereigenschaften des *«gemeinsten Eigennutzes, der lüderlichster Zeitverschwendung und schamlosesten Erniedrigung»*, zu, denen er die *«Offenheit und Freigiebigkeit»* der flußabwärts lebenden Yuri entgegenstellte. Die Nachfolger João Manoels setzten seine Politik fort. Das Land der Bora und Miraña blieb frei von staatlichem Einfluß, während all die anderen Völker, die am Río Caquetá gelebt und die Lingua Geral erlernt hatten, längst verschwunden waren.

Die Charapa war gar. Jeder hielt einen Teller oder einen Topf in der Hand. Wir waren die Ehrengäste, deshalb fischte Mario besonders lange im Topf. Sein Gesicht erhellte sich, als er fand, was er gesucht hatte. Einen Fuß der Charapa. Die Kralle hatte die Größe eines Kinderfußes, überzogen mit der faltigen und ledernen Haut eines alten Mannes. Diese Delikatesse landete auf meinem Teller. Die Zehennägel ragten aus der Suppe. Ihr Horn war gekrümmt und nikotingelb. Die Füße gehörten immer schon zum besten Stück, und ich wertete es als Auszeichnung, daß ein Schildkrötenfuß für mich bestimmt war. Freddy bekam ein Stück vom Hals. Ich grinste ihn an.

«Du kannst froh sein, daß du hier nicht im letzten Jahrhundert gewesen bist. Bei deiner Behaarung wärst du wie diese Schildkröte im Kochtopf geendet, und die Frau des Häuptlings hätte deinen Schwanz gegessen.»

Dann zog ich die Zehennägel einzeln aus dem lockeren Fleisch und biß in den Schildkrötenfuß. Er schmeckte wie Rindfleisch.

Der blinde Luis hatte eine Gitarre mitgebracht und sang spanische Lieder der Trova. Seine Stimme klang ernst und melancholisch. Wer keinen Platz an der Kochstelle gefunden hatte, traf sich draußen auf dem Dorfplatz. Ich sollte ein deutsches Lied singen. Ein deutsches Lied? Ich kramte in meinen Erinnerungen. Mir wollte so gar kein deutsches Volkslied einfallen.

«Rock, Rock, Rock - Rock around the clock.»

Ich rockte über den Platz, und imitierte den Hüftschwung von Elvis. Eine Schar Indianerkinder zog lachend hinter mir her.

«Row, Row, Row...».

Sie drängten mich wieder und wieder, die Melodie zu wiederholen.

Elvis hatte als deutsches Liedgut großen Anklang gefunden, und ich wurde aufgefordert, weitere Lieder zu präsentieren. Ich stimmte die Melodie des Schlagers *Marina, Marina, Marina* an, die Luis aufgriff, und improvisierte ein Phantasieloblied auf Fariña und Puerto Remanzo. Die Mienen der Indianer leuchteten, als sie ihr Dschungelbrot und den Namen ihres Dorfes in einem Lied besungen hörten. Besangen sie doch auch in ihren eigenen Liedern ihre Pflanzen und Tiere und stellten den Wechsel von Regen- und Trockenzeit, die Jagd und den Fischfang in ihren Tänzen dar. In den Refrain Fariña, Fariña, Fariña fielen alle mit ein.

Das Neujahrsfest war kein indianisches Fest. Es fand in der Schule statt, die von Kapuzinermönchen gegründet worden war. Auch wenn die Missionierung der Bora und Miraña erst in den dreißiger Jahren eingesetzt hatte, so hatte sie doch Spuren in ihrem Denken hinterlassen.

«Ist schon Mitternacht?»

Ich schaute auf die Uhr.

«Fünf vor Zwölf !»

Ein Halbkreis bildete sich um mich. Als die letzte Minute anbrach, zählte Freddy laut mit.

«Un, dos, tres.... «Happy New Year!» rief er aus.

Wir verteilten die Wunderkerzen, die wir eine nach der anderen anzündeten. Die Indianer waren fasziniert vom Funkenregen. Einer der Internatsschüler aus Leticia besaß einen Kassettenrecorder, das Geschenk eines japanischen Touristen, den er auf die Isla de Los Micos begleitet hatte.

Die Batterien waren schwach, die Kassette eierte. *Esta mujer me quiere tanto* von den Hermanos Rosarios quälte sich ebenso wie *Nescecito un cariño mio* und natürlich die Akkordeonklänge des Vallenato.

Die Indianer tanzten zu allen Klängen eine Einheitsrumba.«*Sch Sch Sch*», rechts vor, links zurück. Die Fußsohlen rieben die Holzplanken blank. Das laute Schlurfen übertönte die schwächer werdende Batterieleistung. Ein Indianermädchen versuchte mit mir zu den Klängen von *Quando te conocí* Merengue zu tanzen. Sie roch nach Erde und dem Rauch verbrannter Holzkohle, ihr Scheitel duftete nach blauer Schmierseife.

Den wenigen Frauen wurde keine Tanzpause gegönnt. Erst als Carlos Vives mit einem langgezogenen «*Vaaaaaalle*» zum fünften Mal seine Akkordeonklänge wiederholt hatte, war das Fest beendet. Ich wollte mich in die Hängematte legen, da schlug die Manguare.

«Hör nur die Manguare, Capitán Boa möchte dich sprechen», sagte Belesario. «Er erwartet dich in der Maloca.»

Dumpfe Paukenschläge hallten durch die Maloca. Im Halbdunkel einer Fackel stand ein Indianer, der abwechselnd mit einem Kautschukklöppel auf zwei ausgehöhlte Baumstämme in unterschiedlicher Größe schlug, die von einem der Stützbalken hingen. Auf langsame folgten schnelle Schläge, die erneut in langsame übergingen. Die Viertonmusik war wie ein Morsealphabet, das es möglich machte, Botschaften in den Wald zu senden, die kilometerweit zu empfangen waren. Der Pauker setzte zu einer schnellen Folge von Schlägen auf den Klangkörper der größeren Manguare an, die das weibliche Element repräsentierte, und beendete seinen Einstand mit einem Schlag auf die kleinere, männliche Manguare. Vermutlich teilte er mit: «Der Gringo ist da.»

Boa saß auf seinem Schemel in der Ecke des Ältestenrates. Mario und ein anderer Indianer standen in der Mitte des Raumes und stampften mit einem Bamboostößel Kokablätter in einem hohlen schlanken Holzmörser.

«Boa hat die *brujería* in der Kehle», raunte mir Mario zu, als ich ihn grüßte.

Ich ging auf Boa zu. Er wies mir den gegenüberliegenden Schemel an. Boa trug eine Kette aus Jaguarzähnen. Die Mütze hatte er abgelegt. Sein Blick war abwesend. Er schaute durch mich hindurch wie in weite Ferne. Die Iris seiner Augen war verschwommen. Seine rechte Backe war aufgebläht. Er kaute Kokapulver.

Unvermittelt begann er zu sprechen. Er sprach langsam. Die Worte kamen wie verzögert aus seinem Mund. Es waren monotone Silben, die ich nicht verstehen konnte. Boa rezitierte einen Psalm oder einen Mythos. Er reichte mir den mit Mambe aufgehäuften Löffel. Ich nahm ihn in den Mund. Das Kokapulver war trocken wie Mehl. Ich vermischte es mit meinem Speichel und spürte ein Kratzen auf der Zungenspitze. Es war kein unangenehmes Gefühl. Ich schob den Klumpen in die rechte Backentasche und entspannte mich.

Am ganzen Caquetá sprach man von den übersinnlichen Kräften des Capitán Boa. Er galt als ein großer Jäger und weiser Ratgeber seines Volkes. Ich hatte seinen Scharfsinn bei unserer Ankunft erlebt. Während der Abgabe unserer Freundschaftserklärung war mir klargeworden, daß er mit blumigen Worten nicht zu überzeugen war. Seine Argumente zielten ohne Umschweife auf den Kern des Problems. Wir waren hierhergekommen, um die Welt der Indianer in uns aufzusaugen, aber außer billigen Wunderkerzen, Murmeln und dem schnell zu Neige gehenden Kaffee hatten wir nichts zu bieten.

Entschlossen hatte Boa die weißen Fischer aus dem Río Cahuinarí vertrieben. Sein Charisma spürte ich auch auf dem Fußballplatz. Wenn er lachte, dann war das Lachen lauter und kräftiger als das der anderen Bora und Miraña. Aber er machte nicht den unbeschwerten Eindruck der anderen, sondern ihn umwehte ein Hauch Ernsthaftigkeit und sogar Strenge. Seit unser Erstbegegnung hatte eine Spannung zwischen uns bestanden, die ich mir nur schwer erklären konnte. Nun saß ich Boa allein gegenüber. Einen Meter entfernt von mir stach sein markantes Gesicht hell aus dem Halbdunkel hervor wie vor dem schwarzen Hintergrund ausgeleuchtet.

Unter der Brujería, von der die anderen Indianer sprachen, konnte ich mir wenig vorstellen. Würde er meinen Geist verhexen oder meine Kamera? Oder würde er sich an Ort und Stelle in einen Jaguar verwandeln und mir an die Kehle gehen? Ich versuchte mir eine Jaguarverwandlung vorzustellen und dachte an Wehrwölfe. Bei Vollmond würden sich die Hände des Schamanen zu den Krallen einer Raubkatze krümmen, sein Kopf würde zum Jaguarschädel, er würde fauchend durch die Maloca streifen und im Wald verschwinden.

Dann dachte ich an Dr. Jekyll und Mr. Hyde. Unsinn, sagte ich mir, so verwandeln sich keine Schamanen.

Boa reichte mir einen weiteren Löffel gefüllt mit Koka und sprach mich an.

«Der Río Cahuinarí ist das Zentrum der Welt. Dort steht die Maloca der Tiere. Dort leben die Fische, die Tapire und der Jaguar. Einst saßen wir zusammen mit dem Jaguar in der Maloca, leckten Ambil und kauten Mambe. Wir jagten zusammen und waren wie Brüder. Aber wir verärgerten den Vater der Sonne. Der Vater der Sonne zeigte dem Jaguar wie man Menschen tötet. Der Jaguar baute eine prächtige Maloca im Zentrum des Waldes, bei den Felsen am Oberlauf des Río Cahuinarí. Wenn ich Jagd auf Tapire mache, spüre ich ihn in meiner Nähe. Aber er zeigt sich nicht, er ist stets in meinem Rücken. Ein schwarzer Jaguar, ein Panther, der wildeste von allen.»

Boa machte eine Pause. In Gedanken schien er durch das Jagdrevier des Jaguars zu streifen. Er schob sich erneut Mambe in den Mund.

«Der Río Caquetá ist der Fluß des Gedankenaustausches zwischen den Weißen und den Indianern, zwischen den Kolumbianern und den Brasilianern, zwischen den Bora und Miraña, den Andoque und Yukuna. Die große Anakonda des Ursprungs ist den Caquetá hinaufgeschwommen und hat die Völker entlang des Stromes ausgespien.

Die Strömung hat das Blut der Bora und Miraña flußabwärts getragen und über das Amazonasgebiet verteilt wie die Wasser des Río Caquetá in den Amazonas fließen und von dort ins Meer. Wir leben zwischen den Ozeanen im Osten und im Westen. Ich kenne das Meer, ich habe es gesehen, auch wenn ich nie dort gewesen bin. Im Osten kämpft es mit dem Amazonas, den es sich in einem großen Wasserwolkenlärm einverleibt.

Im Westen liegt der Cañon von Araracuara. Dort öffnet sich der Horizont des Waldes, und die Strudel des Río Caquetá jagen über die Felsen wie die Brandung des Meeres an das Ufer rollt. Zwischen dem Lärm im Osten und dem Lärm im Westen liegt unsere Welt. Die Sklavenjäger und die Kautschukbataillone sind verschwunden. Die Weißen kommen und gehen. Früher kamen sie von Osten, heute kommen sie aus beiden Flußrichtungen. Früher interessierten sie sich für Gummi und Chinarinde, dann für die Felle der Riesenottern und die Federn der Kraniche, heute für die Fische, morgen für die Bäume. Ihr Geist ist unruhig und zerfahren. Sie wissen nicht, wo ihr Platz in der Welt ist. Unser Platz ist hier, wo Río Cahuinarí und Río Caquetá zusammenfließen, denn in der Welt der Weißen verirren wir uns wie die Fische in den Strudeln der Flüsse.»

Es kam mir vor, als ob die Alkaloide des Kokapulvers wie kleine Kanus in meine Blutbahn eindrangen und hurtig davonschwammen, während ich in dem riesigen Innenraum der Maloca gefangen war wie in einer Zwischenwelt, gleichermaßen befreit von meiner Herkunft wie vom Alltag der Indianer. Es war das Reich der Gedanken, die grenzenlose Zone des universellen Menschseins.

Ich schaute auf den Löffel in meiner Hand. Er war aus Silber und nicht aus Holz, wie sonst üblich. Auf der Rückseite erkannte ich die Gravur der königlich portugiesischen Manufaktur. Boas Gesicht verzog sich zu einem breiten Grinsen.

«Das ist der Löffel der Capitáne von Puerto Remanzo.»

27

In den Augen der Indianer unterschied sich Martius kaum von den portugiesischen Händlern. Zwar handelte er keine Sklaven ein, sondern Federschmuck, Masken, Kriegskeulen und Panflöten, aber auch er zahlte mit Macheten, Spiegeln und Glasperlen. Die Indianer entlang des Río Caquetá waren geübt im Handel mit den Weißen und hatten sich schnell an die Wünsche und Gepflogenheiten des neuen Kunden angepaßt, auch wenn sie erstaunt waren, daß ein Weißer hohe Preise für ihren Alltagskram bezahlte und vor dem Verkaufsgeschäft einen Maskentanz erleben wollte. Martius schmerzte die Erkenntnis, daß ihn die Indianer nicht als Freund, sondern als Händler ansahen, schließlich war er doch nur *«ein Jüngling, der den Wald auf Heilkräuter durchsuchte»*, wie er sich selbst im *Frey Apollonio* Roman charakterisierte.

Die Zweifel an seiner Rolle wuchsen. Er fühlte sich wie ein Eindringling im Indianerland. Wie konnten ihn die Indianer als Freund behandeln, wenn er sie als exotische Sammlerstücke betrachtete. Mußte man die Indianer nicht aus ihrer eigenen Welt heraus verstehen lernen? Zum ersten Mal spürte er Versagungsängste, ihm, dem bislang alles zu gelingen schien. Je weiter er in das Amazonasgebiet eindrang, um so stärker war er hin- und hergerissen zwischen den gesitteten Werten Europas und dem Zauber des freien Lebens, das er bei den Indianern sah. Die Erfahrung der Wildnis rührte sein romantisches Gefühl vom Wahren, Guten und Schönen. Sein Blick blieb den schwärmerischen Vorstellungen der Romantik verhaftet, aber er ahnte bereits, daß die europäische Sichtweise die Lebensverhältnisse in der neuen Welt nicht zutreffend beschreiben konnte. Die Reise entlang des Río Caquetá, das Zusammentreffen mit den Miraña, all das hatte einen Schatten auf der Seele von Martius hinterlassen. Hinter dem hochgeachteten Wissenschaftler und treusorgenden Familienvater späterer Jahre sollte der junge Abenteurer weiterleben. Ein Teil seiner Seele war in Brasilien geblieben, und er würde ihn niemals mehr zurückgewinnen. «Wie schnell man Brasilianer wird», dachte er, «ist schon erstaunlich.»

Aus der *Reise in Brasilien*, dem dreibändigen Bericht, der für den König und die Öffentlichkeit bestimmt war, spricht ein selbstbewußter, teilweise überheblicher Jungaristokrat, der die historische Überlegenheit Europas herausstreicht.

Aber die Fesseln der Geschichte, von denen Amerika frei war konnte er im Amazonasgebiet abstreifen. Dieses befreiende Gefühl nährte seine lebenslange Sehnsucht. Wie gern hätte er bei der Niederschrift seines Reiseberichtes in München das Naturleben der neuen Welt gegen die akademischen Zirkel Deutschlands eingetauscht, wenn er an das freie und ungekünstelte Leben während seiner vierjährigen Expedition dachte, als Leben und Forschen eins gewesen waren.

Also ging er daran, die persönlichen Empfindungen seiner Reise zu verarbeiten, die in einem dokumentarischen Bericht unberücksichtigt bleiben mußten.

Der Roman *Frey Apollonio*, den er mit siebenunddreißig Jahren abschloß, geriet zu einer persönlichen Selbstbespiegelung. Das Manuskript wurde erst 1990 im Nachlaß in der bayerischen Staatsbibliothek in München entdeckt, ein erstaunlicher Fund, nicht nur deshalb, weil Martius den ersten Brasilienroman verfaßt hatte, sondern weil der Roman einen feinfühligen, sensiblen Menschen zeigte, der bis dahin hinter der Fassade des Wissenschaftlers verborgen geblieben war. Martius teilte seine privaten Gefühle unter dem Pseudonym Hartoman mit, aber seine wahre Identität hätten Freunde und Bekannte unschwer erkennen können.

Nach einigen Jahren sah er sich und seine Reise in einem neuen Licht. Er war ein hochangesehener Botaniker geworden, während in seinem Inneren die Erlebnisse der Amazonasreise weiterwirkten. Es war der Río Caquetá, jener letzte Teilabschnitt seiner Reise, der ihn wieder und wieder beschäftigte.

Die wenigen Wochen im Januar und Februar des Jahres 1820 erschienen ihm inzwischen wie ein entrückter Traum, eine *«eigentümliche innere Aufregung, die gewissermaßen mein ganzes Wesen mit sich fortgerissen und in sich aufgelöst hatte.»* Am Río Caquetá war er seiner gesellschaftlichen Rolle für einen kurzen Moment enthoben gewesen, denn er hätte ebensogut ein brasilianischer Abenteurer oder Händler sein können. Der junge Wissenschaftler, der einst das unbekannte Land erkundet hatte, war ein unbedarfter und mutiger Draufgänger gewesen. Nach seiner Rückkehr in München hatte ihn noch die Aura des brasilianischen Abenteurers umgeben, dessen unakademischer Charme, ihn zum reizvollen Mittelpunkt des gesellschaftlichen Lebens gemacht hatte.

Carl Friedrich Philipp von Martius befand sich in einer Identitätskrise. Die Jugend war vorbei. Nun lag das Alter vor ihm, dessen Reize er zu ergründen suchte. Ein ruhiges klares Denken schwebte ihm vor, erhoben über den alltäglichen Angelegenheiten Europas.

Im *Frey Apollonio* verteilte er seine Gedanken und Gefühle auf die drei Hauptfiguren des Romans, den jungen Botaniker und Ich-Erzähler Hartoman, den italienischen

Einwanderer Riccardo und den greisen Missionar Frey Apollonio, der aus Portugal stammte. Die drei Europäer in unterschiedlichen Lebensabschnitten schickte er auf eine Reise in den Río Caquetá. Der Ich-Erzähler verspürte das *«unbestimmte Verlangen die mannigfaltigen Rätsel der Weltgegend aufzulösen, welche fern von europäischer Sitte und Kultur, im Lande ewiggrüner Wälder warteten.»* Riccardo schloß sich dem jungen Wissenschaftler an, *«um eine Handelsspeculation auszuführen und die Einförmigkeit seines Lebens durch die Abenteuer einer Reise zu unterbrechen.»* Frey Apollonio sollte die wilden Mura missionieren. Mit dem Scheitern der Missionierung endete die Reise. Riccardo und Frey Apollonio blieben in Südamerika. Der Italiener war zum Brasilianer geworden, der die europäische Last aus Kunst und Bildung abgestreift und sich heiteren Gemüts *«nicht mehr nach Osten zurückversetzen»* will. Frey Apollonio bekennt bevor er stirbt, *«mit der alten Welt hab ich abgerechnet für immer, und nur hier unter meiner friedlich schnell vorübergehenden Schöpfung zählt noch mein Dasein.»*

Einzig Hartoman kehrt nach Europa zurück, denn er fühlt sich zutiefst einsam ohne die Familie auf der anderen Seite des Ozeans. Hartoman hängt schwärmerisch Europa nach und voller Pathos ruft er aus: *«Zurück zu dir du altes Europa, Wiege ewiger Bildung, Saatfeld jugendlicher Begeisterung und alternder Weisheit! Dort will ich schwelgen in der Erinnerung an Americas nie versiegende Schöpferfülle.»*

Martius hatte sich für Europa entschieden, aber in seinem Inneren strömte der Amazonas. Er suchte die Kluft zwischen den Welten zu überwinden, Brücken zu schlagen, um den Europäer mit dem Amerikaner zu versöhnen oder ihn doch zumindest im Gleichgewicht zu halten.

28

Am Neujahrsmorgen kam das Boot der Inderena mit den Biologen, um Freddy abzuholen. Im Boot saß ein junger Zahnarzt aus Bogotá, der die Weihnachtsferien in der Hütte am Río Cahuinarí verbracht hatte und nun einen Blick auf die Indianerzähne werfen wollte.

Belesario und Mario trugen zwei Schulbänke hinaus. Das Dorf kam zusammengelaufen, hielt sich aber in gebührendem Abstand zum improvisierten Behandlungsort. Der Zahnarzt holte eine Zange, einen Mundspiegel und Tupfer aus seiner Tasche. Er setzte eine Maske aus Plexiglas auf, die er wie ein Schweißer herunterklappte. Den modernen amerikanischen Mundschutz hatte er aus seiner Praxis im Nippon-Center in der neunzigsten Straße mitgebracht. Seit einiger Zeit war es in Bogotá in Mode gekommen, sich der indianischen Wurzeln des Landes zu besinnen und in den Ferien Indianergemeinschaften aufzusuchen, um sich geistiges Rüstzeug für das Großstadtleben zu holen. Den Anfang hatte der Staatspräsident gemacht, als er die Kogi in der Sierra Nevada, die in Kolumbien als die Chefideologen des indigenen Fundamentalismus galten, um Rat gefragt hatte. Der Präsident im Freizeithemd hatte zwei Häuptlingen den Arm um die Schulter gelegt und staatstragend in die Kamera geschaut.

Der Zahnarzt zog hauchdünne Gummihandschuhe an und wartete auf Freiwillige.

In diesem Moment schienen selbst diejenigen mit den vereiterten Zähnen ihre Schmerzen vergessen zu haben und wichen einen Schritt zurück.

Belesario lief auf die Menge zu, griff einen Jungen heraus und sagte bestimmend:

«Du hast Zahnschmerzen. Jetzt wird dir geholfen!»

Der Junge sträubte sich kurz, ließ sich aber dann bereitwillig und sogar ein bißchen stolz, daß die Wahl auf ihn gefallen war, zur Schulbank führen. Er mußte sich umgekehrt auf die Schulbank setzen und den Oberkörper zurücklegen bis sein Hinterkopf auf der Tischplatte auflag. Der Zahnarzt schaute in den Mund, griff zur Zange und zog einen Backenzahn heraus. Der Junge spuckte Blut und der Zahnarzt schob einen Tupfer in die Backe. Aufmerksam hatten die Umstehenden jede Handbewegung verfolgt. Der Zahnarzt hielt nach anderen Patienten Ausschau, doch weitere Freiwillige fanden sich nicht. Es war Zeit zum Aufbruch. Ich begleitete Freddy zum Boot, und wir verabschiedeten uns.

29

«Was wünscht du dir für dein Volk?» fragte ich den blinden Luis, der vor seiner Hütte stand und die toten Augen auf den Fluß geheftet hatte. Die langen schwarzen Haare fielen ihm über die Schulter nach vorne. Es dauerte lange, bis er antwortete.

«Einst waren die Bora und Miraña große starke Völker, die untereinander die Frauen raubten und sich gegenseitig in die Sklaverei verkauften. An den Ufern des Río Cahuinarí bis hinauf zur Savanne standen unsere gewaltigen Malocas. Der Fluß war reich an Fischen, der Wald voller Früchte. Die Jagdbeute war üppig, unsere Kinder zahlreich und gesund. Wenn der Fluß Niedrigwasser führte, tanzten wir den Tanz des Chontaduro. Nachdem die Casa Arana wie ein unersättlicher Jaguar in unseren Reihen gewütet hatte, schlossen wir Ehen untereinander, um weiterzuleben, und trotzdem sind wir heute nur wenige Hundert, ein Wassertropfen im Ozean der Menschheit.

Am wichtigsten ist die Zukunft unserer Kinder. Die Schule in Puerto Remanzo ist schlecht. Die Regierung tut zu wenig für unsere Jugend. Wir müssen die Älteren nach La Pedrera und Leticia in die Internate schicken, wo sie von weißen Lehrern unterrichtet werden. Sie lernen die Welt der Weißen kennen, ihre Sprache, ihr Denken, ihre Verhaltensweisen. Aber sie sind zu selten im Land ihrer Vorfahren und deshalb vergessen sie ihre Geschichte. Ohne seine Geschichte stirbt der Indianer. Ich möchte die Geschichte meines Volkes erzählen, sie aufschreiben lassen, damit mein Volk weiterleben kann.»

Der Weiterreise nach Araracuara gingen Verhandlungen mit Belesario voraus.

«Alles steht bereit für deine Expresstour», sagte er mir während des Badens an der Waschstelle.

Er saß in der Badehose auf dem Bambonafloß und schrubbte seine Jeans. Er hatte sie mit Schmierseife eingerieben und schlug sie klatschend auf die Holzbohlen. Die tiefstehende Sonne beschien sein dunkles Gesicht.

Wir sprachen über die voraussichtliche Dauer der Reise, über den Preis für Boot, Motor und Fahrer. Belesario konnte als Promotor de Salud nicht fahren. Er mußte sich für Notfälle in Puerto Remanzo bereithalten. Aber einer aus der Familie sollte das Boot steuern. Mir schien niemand geeigneter als Ignacio, der «König der Wasserstraße».

Am Tag des Abschieds gab ich der Familie von Belesario die noch verbliebenen Geschenke, Spiegel und einige Glasmurmeln. Den luftdurchlässigen Hut, den mir die Carajá-Indianer gegeben hatten, überreichte ich Belesarios Vater. Er hielt ihn voller Bewunderung in den Händen und untersuchte das filigrane Flechtwerk aus Fasern der Chontaduropalme. Die Bora und Miraña waren geschickt im Flechten von Hängematten, aber Kopfbedeckungen zu flechten war ihnen bisher nicht in den Sinn gekommen. Er legte den Hut zur Seite und wollte sich eine Glasmurmel in den Mund stecken, die er für ein Bonbon hielt. Glasperlen waren offenbar seit langer Zeit in Vergessenheit geraten, ein Zeichen dafür, daß schon lange keine Händler mehr vorbeikamen. Er löste sein Armband aus der Haut eines Iguanaschwanzes, dessen Farben dunkelgrün und blaßviolett changierten und gab es mir, während er einen Spruch murmelte.

«Das Armband macht dich stark», übersetzte Belesario.

Ich schaute in die trüben, aber immer noch lebendigen Augen des Alten. Wir beluden das Boot mit den Benzinkanistern, die unterhalb von Belesarios Hütte standen. Daneben hatte er zwei Charapaschildkröten angebunden. Im Boot saßen Belesarios Tante, ihre sechzehnjährige Enkelin, die ihrem Baby die Brust gab, ein Mädchen und der kleine freche Junge, der mir nie seinen Namen sagen wollte und ständig hinter den Wunderkerzen her war. Bevor wir abfuhren, hatten wir zwei große Töpfe und weitere Habseligkeiten der Tante im Boot verstaut.

Die Tante war am frühen Morgen bepackt wie eine chinesische Reisbäuerin über den Platz gelaufen, den Flechtkorb mit den Hängematten auf dem Rücken, den Tragriemen über die Stirn gezogen, über den Schultern das Paddel für ihr Kanu, an deren Enden Kochtöpfe hingen, in der Hand einen Sack Fariña.Ihr Kanuita zogen wir hinter uns her. Ich hatte die noch verbliebenen Vorräte aufgestockt, drei Kilo Fariña, eine Staude Kochbananen und eine blaue Seife. Belesario stand am Ufer. Er war aufgeregt und rief Ignacio zu:

«Paß auf den Motor auf, immer halbe Kraft fahren!»

Diesmal lächelte Ignacio. Neben Belesario standen die Kinder und sangen: «Fariña, Fariña, Fariña», bis wir uns entfernten, und das Motorengeräusch ihre hellen Stimmen verschluckte.

Wir wechselten auf die linke Seite des Río Caquetá, die im kühlen Schatten der Bäume lag und hielten uns dicht am schlammigen Ufer. Die Kinder blätterten in einer zerlesenen Kinderbibel. Sie zeigten mir die Seite, auf der die Arche Noah abgebildet war und fragten nach Elefanten und Giraffen. Ich träumte, schaute auf den Fluß und in die Bäume. Der Río Caquetá war an dieser Stelle wohl über einen Kilometer breit. Es war heiß und ich war froh, daß der Fahrtwind ein wenig Kühlung verschaffte. Ich sah nur wenige auffliegende Eisvögel, deren Gefieder arktischblau oder metallischgrün für einen kurzen Moment vor meinen Augen aufblitzte.

Plötzlich schreckte ich durch ein dumpfes Geräusch hoch, ein Schlag im hinteren Teil des Bootes. Ich schaute mich um. Die Tante war mit dem Säugling im Arm eingeschlafen und nach hinten gefallen. Sie hielt das Kind fest an sich geklammert, während sie auf dem Rücken lag. Ich kletterte über das Gepäck und zog sie hoch.

«Glück gehabt», sagte Ignacio, «um ein Haar wäre das Kind in den Fluß gefallen.»

Die Tante lächelte erleichtert. Nach zwei Stunden erreichten wir ihre Hütte. Ich half ihr aus dem Boot auf ein Holzbrett, das in der Trockenzeit die Anlegestelle auf dem morastigen Ufer bildete. Ignacio nahm sich das Ruder, das daneben im Schlamm steckte. Es hatte nur ein halbes Blatt. Aber Ruder waren Mangelware. Sie kamen und gingen. Einmal vergaß man ein Ruder, ein anderes Mal fand man ein vergessenes wieder. Persönlicher Besitz in Dingen, die der Wald hergab, war nicht wichtig. War überhaupt kein Ruder aufzutreiben, ruderte man mit Holzbrettern, Hüten, Baseballmützen oder mit der flachen Hand.

Von nun an wurde der Flußlauf abwechslungsreicher. Wir passierten weite Felsenbänke in bizarren Formen, rot und violett schattiert. Wir legten an. Der felsige Untergrund war nicht massiv, wie er von weitem aussah, sondern porös und nachgiebig. Der Boden knirschte wie eine harsche Schneedecke. Es war hartgetrockneter Sand, dessen Quarzkristalle in der Sonne funkelten. Eine gewaltige Zeder war angeschwemmt worden und hatte sich inmitten der Sandlandschaft festgekrallt. In ihrem Wurzelwerk suchten wir Schutz vor der Sonne. Wir hatten nichts geangelt, deshalb gab es Spaghetti. Die Tütensoße riß ich mit den Zähnen auf. Wir sammelten herumliegendes Feuerholz. Ich schlug Kerben in einen Holzpflock, den ich im 45° Winkel in den Boden stieß und hängte den verrußten Topf übers Feuer.

Ignacio aß wenig.

«Deine Würmer schmecken nicht und machen auch nicht satt», beschwerte er sich und schob sich eine Handvoll Fariña in den Mund. «Wenn ich da an die Mojojois denke. Ein paar fetter Würmer, roh oder geröstet, füllen den Magen für den ganzen Tag.»

«Und warum besorgst du uns keine von deinen Mojojois, wenn dir die Spaghetti nicht schmecken?» sagte ich leicht gereizt.

«Weil hier keine Cananguchopalmen wachsen. Du fällst einen Canangucho, schlägst drei Kerben in den Stamm und wartest sechs Wochen. Dann wimmelt der Stamm voll fetter Mojojois, ein Leckerbissen für die ganze Familie.»

Es war nicht mehr weit bis San Francisco. Wir machten Halt bei Gaspar, den ich vom Fußballturnier in Puerto Remanzo kannte. Er empfing uns in seiner Hütte am Fluß. Wir stiegen den steilen über zehn Meter hohen Abhang hinauf. Die Vorderseite der Hütte war offen und vom Fluß wehte der Wind hinein. An der flußabgewandten Seite, am Ende der Behausung, stand ein Topf auf dem Feuer mit undefinierbaren, angebrannten Fleisch- und Knochenresten, daneben lag ein Plastikbecher und zwei Tonplatten, um Kasabe zuzubereiten. Ich schob den Topf zur Seite und machte für uns alle einen Kaffee.

Wir setzten uns auf den Fußboden der großen und beinahe leeren Hütte und sprachen über unsere Fahrt bis Araracuara und die Entfernung nach Deutschland in Stunden und Flugkilometern. Gaspar war niedergeschlagen, die jüngste seiner Töchter hatte Diarrhöe. In der Trockenzeit, wenn die klaren Quebradas Wasser verloren oder gänzlich austrockneten, nahmen die Indianer das Wasser direkt aus dem Fluß. Und obwohl es hier weit und breit keine größeren Menschenansiedlungen gab, führte der Río Caquetá Abwässer mit sich, die aus den Hunderte von Kilometern entfernten Ansiedlungen am Oberlauf herrührten. Es waren Pestizidrückstände aus der Landwirtschaft und dem Drogenkrieg, in dem der Staat Herbizide gegen die Kokaplantagen einsetzte. Das Wasser der Quebradas hingegen war sauberer als Regenwasser, denn die Mykorrhizapilze filterten aus dem Wasser alle Stoffe heraus. Gaspar bat mich um Tabletten. Ich gab ihm Kamillentee, Zucker, Salz und Kohletabletten und schärfte ihm ein, das Wasser stets abzukochen. San Francisco war keine zusammenhängende Ortschaft wie Puerto Remanzo, sondern eine Ansammlung weit auseinanderliegender Hütten. Der Capitán von San Francisco, ein kleines untersetztes und fülliges Männchen, stand in der Rangfolge weit hinter Capitán Boa. Er schälte sich aus seiner Malocita, einer Puppenstubenausgabe der von Puerto Remanzo, drei Meter hoch, und das Palmendach reichte bis auf den Boden. Aus der winzigen Dachluke stieg Rauch. Als wir ins Boot stiegen, ruderte eine Familie an uns vorbei.

«Ich habe ein Riesenotterbaby. Kommt uns besuchen. Wir leben flußaufwärts», rief uns der Mann zu.

Der Otter robbte zwischen den Beinen eines Hundes hindurch und bellte wie ein Seehund. Er folgte mir bis zum Boot, ließ sich ins Wasser gleiten und schwamm, als wir winkend ablegten, mehrere Runden um das Boot. Als ich auf den Auslöser der Spiegelreflexkamera drückte, tauchte er unter.

30

Goldgelb versank die Sonne und verteilte ihr Licht auf den Wolkenballungen wie in einem Himmelsfresko von Michelangelo. Wir machten Rast oberhalb der meterhohen runden Felsen am Eingang zur Quebrada de Tijeros. Ich schnitt einige Platanos von der Staude ab und briet sie in Öl. Ich legte mich in meine Hängematte und wickelte mich in mein Laken, denn es wurde bereits kühl unter dem Dschungeldach. Ich schaute zu Ignacio herüber, dessen Hängematte einige Meter von mir entfernt zwischen zwei Baumriesen hing. Von ihm war nichts mehr zu sehen. Er hatte die Seiten seiner Hängematte über sich zusammengeschlagen. Ich lauschte noch einige Augenblicke der geräuschvollen Ruhe des Dschungels. Ich vernahm den Ruf eines Nachtvogels, dann schlief ich ein.

Am nächsten Morgen nahm ich ein Bad zwischen den Riesenfelsen. Im Río Caquetá lag eine Gruppe aufgetürmter bläulichschwarzer Granitfelsen. An dem größten der Steine befand sich eine runde Einkerbung, die herausgeschlagen zu sein schien. Ignacio fuhr der Rundung mit dem Zeigefinger nach.

«*La Luna*», murmelte er.

Es war still. Nur der Wind war zu hören und die plätschernden Wirbel, die die Felsen umspülten.

Wir schwiegen. Ich genoß die Morgensonne und den kühlen Wind. Ich schaute auf den Waldvorhang auf beiden Seiten des flachen Ufers. Die Rinne des Río Caquetá lag vor uns und erschien, als hätte jemand am Ende des Flusses den Stöpsel herausgezogen. So schnell verschwanden die Wasserstände der Vortage. Ich hörte ein schwaches Zirpen, ein Pfeifen. Ignacio entdeckte die Herkunft des Geräusches. In einer der Felsenritzen versteckt, hing eine Fledermaus. Ich schaute hinein, und sie blickte mich mit ihren stecknadelkopfgroßen, tiefschwarz glänzenden Augen an. Es war ein kleines faustgroßes Tier.

Die Indianer verehrten La Luna. Ihre heiligen Plätze waren abgelegene Orte, die nur von wenigen klar unterscheidbaren Tönen erreicht wurden. Diese Töne waren keine Bestandteile einer Klangkulisse. Keine Ablenkung, keine Irritation. Die Wahrnehmung wurde geschärft. Das Rauschen des Windes, das Plätschern der Wellen füllte die Stille. Selbst die Stimmen der Tiere waren nur vereinzelt, aber klar zu hören - das Arapaar, dessen Kreischen augenblickelang wie eingefroren in der Luft hing, ehe die Stille das Geräusch verschluckte oder die einsame Fledermaus, deren Pfeifen in die Stille wie eine Nadel stach. Hier gab es nicht dieses Übereinander, Nebeneinander und Durcheinander der Töne wie unter dem Dach des Dschungels. Die Polyphonie war verschwunden. Ein Ton, eine Stimme dominierte. Das war für die Indianer ein Zeichen des Göttlichen. Hier herrschte Frieden. Der Widerstreit im Dschungel war überwunden. Hier lagen die Kirchen der Indianer, die Orte ihrer Meditation.

Wir bogen in die Quebrada del Sol ein. Am ersten Chorro, den ersten Stromschnellen, war ein Passieren unmöglich. Wir mußten eine Cabuyaje machen.

Wir entluden das Boot. Die Benzinkanister, die Platanostaude, den Gummisack und den Großteil des Gepäcks stellten wir in das Wurzelwerk eines Baumes. Ignacio schnitt eine fünfzehn Meter lange Bejuco yaré ab, eine Liane, geschmeidig und reißfest. Er zog die Liane durch die vordere Holzverstrebung des Bootes. Den Außenborder klappte er hoch. Das Wasser schoß über die Felsen. Ich stand barfuß auf den Steinen am Ufer und hielt das Ende der Liane mit aller Kraft fest. Ignacio schob das Boot über die Felsen durch das schäumende Wasser, während ich zog. Zentimeter um Zentimeter kämpften wir uns voran. Dann tauschten wir die Plätze. Ich war größer, und das Wasser wurde tiefer und reichte mir bis zur Brust. Einmal verlor ich den Halt, und die Strömung riß mich fünf, sechs Meter mit, ehe ich meinen Fuß in eine Felsspalte stemmen konnte. Mit vereinter Kraft versuchten wir das Boot zu halten. Nicht auszudenken, wenn wir es verloren hätten. Hier hätte uns niemand gefunden.

Das Holz schrammte über den Stein. Mit einem gemeinsamen Ruck beförderten wir das Boot aus der Hauptströmung in ruhiges Gewässer. Die Füße hatte ich mir an den spitzen Felsen aufgeschürft, und meine Hose war aufgerissen.

Hinter dem Katarakt war eine Sandbank. Hunderte von grünen Papageien saßen auf dem Strand und flogen in die Kronen der Bäume. Tausende von gelborangefarbenen Schmetterlingen tanzten um uns herum wie in einem Regen aus Sterntalern. Sie waren von den Urinsalzen eines Tapirs oder Cabybaras angelockt worden. Vom Strand führte eine Gasse in den Wald, die schlammig und ausgetreten war. Auf dem Sand hatte ein Jaguar eine Spur hinterlassen. Das Dach des Waldes öffnete sich. Die Quebrada weitete sich zu einem kleinen See. Die Sonne blendete uns. Wir hörten das Rauschen herabstürzenden Wassers. Über Kaskaden brauste es zu Tal. Flache Wellen schlugen gegen das Boot. Inmitten der Felsen, die das Wasser nicht erreichte, stand ein verkrüppeltes Bäumchen. In den Ästen hingen Kokons der Arrendajos, deren lautstarker Lärm vom Rauschen des Cañon del Sol übertönt wurde.

Ich kletterte über bemooste Steine bis mir das Wasser den Weg versperrte. Dahinter erhoben sich Assaipalmen. Das Wasser hatte Felshöhlen ausgewaschen. Ich suchte nach den Petroglifos, dem Fischmotiv und entdeckte ein verwittertes Zeichen. Ich war mir nicht sicher, ob es von Menschenhand geschaffen worden war oder eine natürliche Verwitterung darstellte.

Ich kehrte zu Ignacio zurück. Er lag unter dem verkrüppelten Bäumchen und hatte sich sein T-Shirt wie ein Scheich um den Kopf gewickelt. Die Vögel waren verschwunden.

«Hast du das Zeichen des Vaters der Sonne gefunden?» fragte er.

«Ich weiß nicht.»

«Der Vater der Sonne ist über die Felsen gerudert. Er hat die Schlange bezwungen, um zum Haus des Wassers zu kommen und unseren Vorfahren die Pflanze zu bringen, die uns die Kraft verleiht, mit unseren Göttern zu sprechen. Er brachte uns das Wasser, damit der Wald jedes Jahr Früchte trägt, und er schenkte uns den Samen der Yukapflanze, den Beginn allen Lebens.»

Heute hatten wir keinen Menschen getroffen. Wir hatten keinen zweiten Außenbordmotor neben unserem gehört. Wir hatten keine Abfälle, keine gefällten Bäume, nicht einmal Einkerbungen von Macheten im Holz gesehen. Westeuropa war voller Menschen, doch hier im Nordosten des Amazonasgebietes lebte nur ein Mensch auf zwei Quadratkilometern.

Im Ohr hatte ich das Donnern des Cañon del Sol. Ich sprang in das kühle Wasser des Beckens.

«Laß uns die Nacht hierbleiben», schlug ich vor. «Wir können baden und uns auf den Felsen sonnen.»

«Nein, hier können wir nicht die Nacht verbringen, wegen der Jaguare.»

«Jaguare fallen keine Menschen an. Außerdem sind wir zu zweit.»

«Sie sind gefährlich. Ich habe hier vor vielen Jahren einen Jaguar geschossen. Seit dieser Zeit warten die anderen nur darauf, Rache zu nehmen. Ich habe keine Escopeta mitgenommen und du hast keinen Revolver.»

Wir brachen auf. Die Strömung trug das Kanu schnell zum ersten Katarakt. Die Cabuyaje lief nun andersherum. Wir hielten das Boot an der Liane fest und ließen es Stück für Stück mit der Strömung durch die Felsen hindurchgleiten. Wir trieben ohne Motorkraft bis zu einer Sandbank. Bereits auf der Hinfahrt hatten wir durch das durchsichtige, am Grund goldgelbe Wasser Gruppen fetter Sabalos gesehen. Die Fische lebten nicht im Río Caquetá, sondern ausschließlich in den Quebradas und waren wie die Forellen des Hochlandes, schnell und gefräßig, und sie liebten klares Wasser. Ihr Fleisch war köstlich, wenn sie auch den Nachteil vieler Gräten hatten. Doch zum Angeln fehlte der Wurm. Von den Indianern hatte ich gelernt, daß es zwar Würmer im Schlick des Caquetáufers gab, jedoch nicht in den Uferböschungen der Quebradas.

Ignacio holte ein federloses Arrendajoküken in Daumengröße aus der Hosentasche. Die Augen waren noch mit einer bleichen Haut überzogen, durch die das Blau der Adern schimmerte. Ein Küken als Fischköder kam mir für einen Moment wie ein brutaler Eingriff in diese harmonische Welt vor. Ungläubig starrte ich auf das tote Tier, durch das Ignacio den Angelhaken stieß. Er warf die Schnur in die Biegung der Quebrada. Kurze Zeit später kämpfte ein Sabalo an der Leine. Er sprang aus dem Wasser. Ignacio holte die Leine ein. Der Sabalo, den er auf den Strand warf, war fünfzig Zentimeter lang und an die fünf Kilo schwer. Seine Schuppen glänzten golden in der Sonne. An der

Landzunge, wo der Quebradón del Sol in den Río Caquetá mündete, erklommen wir die Böschung, schlugen mit der Machete zwei Astgabeln für einen Grill und rösteten den Fisch über dem Feuer.

Dunkle Wolken zogen am Horizont auf. Die Farben der untergehenden Sonne verliefen nicht wie an den vorangegangenen Tagen zu einem lichten Aquarell am Himmel. Die schwarzen und grauen Töne gewannen die Oberhand, so als hätte jemand Tinte über das noch feuchte Bild geschüttet. Eine Gewitterfront zog auf, mit Blitzen und Wetterleuchten. Das Donnergrollen ertönte noch von weit entfernt. Wie unter einer Riesenkuppel spielte sich um uns herum ein Feuerwerk ab. Gleißend helles Licht schoß durch die Wolken. Wir waren gefangen wie in einem Faradaykäfig. Ich war erregt und aufgewühlt und fühlte mich doch vollkommen sicher.

Wir erreichten den Strand von El Pato. An einem umgestürzten Baum band ich das Boot fest, während die Dunkelheit hereinbrach. Zum ersten Mal auf der Flußreise fragte ich mich, ob es nicht ratsam sei, das Boot an Land zu ziehen. Was wäre, wenn ein Wolkenbruch den Río Caquetá ansteigen ließe? Ein friedliches Flußidyll könnte sich schnell in ein reißendes Ungeheuer verwandeln. Ich bedrängte Ignacio, das Boot zu entladen und alles auf den Strand hinaufzutragen. Lustlos half er mir, das schwere Kanu mit Holzstämmen auf den Strand zu hieven.

Wir liefen den Strand ab, um nach einer anlandenden Charapa Ausschau zu halten. Es begann zu regnen und angelehnt an den Bootsrumpf saßen wir am Strand in Waldnähe. Wir stülpten die Regencapes über, zogen die Beine an und warteten in gehockter Stellung auf die Schildkröten. Wir konnten nur wenige Meter weit sehen.

Ich hatte anlandende Meeresschildkröten in Costa Rica

beobachtet. Dramatisch war der Augenblick als die riesigen, vom Mondlicht beschienenen, schwarzglänzenden Panzer der gewaltigen Ledernackenschildkröten nach und nach aus den weißen Schaumkronen des Meeres aufstiegen wie eine Invasion von Amphibienfahrzeugen. Getrieben von ihrem Programm schleppten sie ihre schweren Körper über den Sandstrand. Die Spuren, die sie in den Sand drückten, waren breit wie die von Baufahrzeugen. Das geringste Hindernis, ein schmaler Ast, ein kleiner Stein, brachte ihre Peilung durcheinander, und sie traten den Rückzug an. Daher waren viele Spuren wie weite Halbovale. An anderer Stelle wiederholten sie dann die Landung. Erst wenn sie den geeigneten Platz gefunden hatten, drehten sie ihren massigen Körper Zentimeter um Zentimeter mit den Vorderflossen, um mit dem Kopf in Richtung Meer zu liegen. Mit den kurzen Hinterstummeln schaufelten sie ein tiefes Loch, warfen den Sand im Wechsel von schnellen und langsamen Flossenschlägen aus der Grube. Nachdem sie die Tiefe geprüft hatten, ließen sie die Eier hineinfallen. Die Eiablage erschöpfte sie, und nur langsam schaufelten sie den aufgeworfenen Sand ins Nest und klopften ihn fest. Mit letzter Kraft erreichten sie das Ufer. Einige auslaufende Wellen überspülten den Panzer, dann verschwanden sie erneut für zwei Jahre in der unendlichen Weite des Ozeans.

Wir dösten vor uns hin. Es tröpfelte. Ich spannte den Schirm auf. Der Sand wurde feucht und klumpig. Der Nieselregen wehte mir ins Gesicht. Aber die Spannung des Himmels entlud sich nicht in gewaltigen Regengüssen. Meine Hose war seit der Cabuyaje nur noch ein Fetzen, aufgerissen an den Knien. Ich sah aus wie ein gestrandeter Pirat. Gegen halbfünf wich die Dunkelheit dem anbrechenden Tag. Grau und silbernmatt kroch er heran. Blaßblaue

Fäden schimmerten durch die Nebel über den Konturen der Baumwipfel.

Mit halbgeschlossenen Augenlidern blieb ich sitzen und blickte auf den Strand. Es war eine Sandbank von gewaltigem Ausmaß an der Spitze einer Insel.

Ich dachte an meine Zeit in Brasilien auf der Suche nach dem unberührten Regenwald, als ich erst die Ränder des Waldes erreicht hatte. Ich dachte an den Strand des Río Araguaia bei São Felix im brasilianischen Bundesstaat Pará. Der Strand von El Pato wäre in Brasilien eine Riesenattraktion. Ich vermeinte den stampfenden Sambarhythmus zu hören, tanzende Mädchen im Tanga, Barraca neben Barraca, Strandbude neben Strandbude. Essen, Trinken, Musik und Lachen.

Ich sah die Caraja-Indianer auf mich zukommen. Die Indianerfrauen hatten schwarze Farbe in kleinen Töpfen und wollten mir Tätowierungen verkaufen. Sie hatten auch Ohren- und Nasenringe im Sortiment. Die Männer spielten Fußball. Über Mikrofon ertönten die Bingozahlen.

Ein ausgelassenes Leben am Strand gehörte von Anfang an zu den nationalen Errungenschaften Brasiliens. Verwirrt war der Naturforscher Henry Walter Bates, der eines Tages im Jahre 1855 auf einem der riesigen Schildkrötenstrände inmitten tanzender Mädchen stand. Ihre natürliche Anmut habe aber nichts mit Unschuld zu tun, stellte er fest. Vielmehr durchlebten sie eine Zeit der Ausgelassenheit, bevor sie heirateten und sich niederließen, und es mache den Männern nichts aus, wenn die Frauen bereits ein oder zwei Kinder von verschiedenen Vätern hätten. Sie verlören ihre Ehre nicht, wunderte sich der prüde Engländer. Am Strand tanzten sie mit den jungen Männern den Fischtanz. Sie bildeten einen Kreis und nahmen die Fischtänzerin in ihre Mitte, um sie einzufangen. Sie sangen zur Gitarre und tranken Cashaça. Diese Feste waren der abschließende Höhepunkt einer großen Ernte. Hunderte von Familien waren dem jährlichen Aufruf zum Einsammeln der Schildkröteneier gefolgt. Auf dem Strand breiteten sie große Kupferkessel und rote Tonkrüge aus. In der Hand hielten sie Körbe. Auf ein Signal des Gouverneurs begannen sie mit einem Paddel, den sie wie einen Spaten benutzten, in dem Sand zu graben. Die Eier legten sie unter Palmenblätter in die Körbe, um sie vor Regen und Sonne zu schützen. Die Frauen zerdrückten die lederne Schale und rührten das Öl in den Kupferkesseln. Das Öl wurde in Krüge abgefüllt und bis hinunter nach Belém transportiert. Es diente als Kerosin und Bratenfett. Sechstausend Krüge mit Öl wurden jährlich flußabwärts transportiert. Zwölf Körbe voller Eier ergaben einen Krug voll Öl. Es waren Hunderttausende von Schildkröten, die zur Eiablage kamen.

«Die Flüsse waren so dicht mit Schildkröten bedeckt wie die Luft mit Moskitos», schrieb Bates.

Ich richtete mich langsam auf. Es war immer noch kühl. In der Nacht hatte ich gefroren. Die Muskeln waren verspannt, der Körper verlegen. Ignacio und ich liefen kreuz und quer über den Strand. Wir entdeckten keine einzige Charapaspur. Aus dem Sand ragten zwei Fähnchen. Sie gehörten zum Inderena-Programm zum Schutz der Nester.

31

Der Fluß wurde breiter , und zuweilen hatte ich den Eindruck auf einem See zu fahren. Wir kamen an Inseln mit Stränden vorbei.

An einem der Strände machten wir das Boot fest. Ignacio hatte eine frische Charapaspur entdeckt, die über dem feinsandigen Strand anstieg. Wir folgten ihr. Nach dreihundert Metern erreichten wir den flachen Kegel aufgeworfenen Sandes. Ignacio begann mit den Händen zu graben. Er hob ein tiefes Loch aus. Als sein Arm bis zur Schulter verschwand, stieß er auf die Eier. Er warf sie einzeln nach oben. Sie waren rund und groß wie Tischtennisbälle. Nachdem er hundert Eier herausgeholt hatte, schaufelte er das Loch mit den Händen zu. Wir verstauten die Eier in einen Jutesack. Ich versuchte das Gewicht abzuschätzen, es waren drei Kilo, und wir hatten nur die Hälfte der Eier herausgeholt.

Die Brasilianer machten noch immer im großem Stil von Tefé aus Hatz auf die Schildkröten. Am unteren Flußlauf waren sie ausgestorben. Erst kürzlich, so hatte man mir in La Pedrera erzählt, war ein Boot mit dreihundert Charapas nach Tefé abgefahren. In Kolumbien brachte das Ei einer Charapa hundert Pesos. Gentil verdiente als Wahlhelfer fünftausend Pesos am Tag, da war die Versuchung auch für die Indianer groß, die Charapas und ihre Eier zu verkaufen.

Wind kam auf. Auf dem Fluß bildeten sich kräuselnde Wellen. Das Wasser lief über die Kiellinie entlang ins Boot. Wir deckten das Gepäck mit den Regencapes ab. Wir erreichten die Außenstation der Inderena. Niemand war dort, als wir anlegten. Ich lief zwischen den Hütten hindurch, deren Palmenblattdächer welk hinunterhingen, und hatte das mulmige Gefühl, gar nicht in einer Forschungsstation, sondern in einem jüngst verlassenen Guerrillalager zu sein, deren Besatzung im Wald verschwunden war. Aber irgendwie beruhigte mich eine Ketchupflasche im Küchenregal, die mir wie der Sendbote einer vertrauten Welt erschien.

Als wir den Tank nachfüllten, sprang der Motor nicht mehr an. Wir machten das Kanu an einer Luftwurzel fest. Am Uferrand fanden wir Schatten unter herabhängenden Wurzeln, die wie Wollfäden über uns hingen. Ignacio holte das kleine Werkzeugetui hervor. Er entfernte die Motorabdeckung und drehte die Zündkerze heraus. Mit dem Schraubenzieher kratzte er an dem Zapfen und drehte die Zündkerze ein. Er zog an der Anlasserleine des Außenborders. Aber wir hörten nur das trockene, metallische «*Plop*» der Rückspulfeder.

«*No prende*!» kommentierte Ignacio.

Es war heiß, und das Lianengeflecht schützte kaum vor der brennenden Sonne, die auf den Río Caquetá wie auf ein Brennglas knallte. Endlich fand Ignacio die Ursache. Der Filterdeckel hatte sich gelockert.

Der Río Caquetá war an dieser Stelle breit und eintönig. Kilometerweit keine Biegung. Der Fluß war eine Schneise, die in den Wald gehauen worden war und bis zum Horizont reichte wie eine Autobahn. Wir fuhren zügig gegen Wind und Wellen an. Nach einer schlecht verbrachten Nacht suchten wir am späten Nachmittag einen ruhigen Platz, um uns in die Hängematte zu legen. Auf der Insel Meta schlug ich eine freie Fläche in den Wald, während die Sonne unterging. Die durchtrennten Lianen rissen einen Blättervorhang mit sich. Ignacio saß im Boot und hatte die Angelleine ausgeworfen. Es wurde bereits dunkel, als er mit einem kleinen Palometa aus dem Boot stieg. Während er den Fisch ausnahm, entzündete ich ein Feuer. Wortlos schlangen wir die Caldo herunter. Von Nordwest zog eine Gewitterfront auf, deren leuchtende Blitze den Fluß erhellten. Der Sternenhimmel schmolz zusammen. Wind kam auf, der Vorbote des Regens, und wir verkrochen uns hungrig in die Hängematten unter dem Blätterdach.

«Wie lange werden wir hier unten am Boden trocken bleiben?» fragte ich mich, als das Plätschern des Regens in den Blättern hoch über uns einsetzte. Ich deckte das Regencape über das Moskitonetz. Noch prasselte der Regen nicht, noch gab es keine Sturzbäche, die uns in Sekundenschnelle durchnässen würden. Selbst wenn nur wenig Wasser bis zum Boden gelangte, so war es doch immer noch genug, um klatschnaß zu werden.

Ich schlief ein und erwachte nach einigen Stunden durch das Geräusch des regelmäßigen Plätscherns der Regentropfen auf den Blättern. Es wirkte beruhigend, auch wenn die Hängematte mittlerweile auf einer Seite feucht geworden war. Ignacio hatte mich gewarnt. Der Platz wäre bei Regen schlecht, denn es gäbe keine Puipalmen, um einen Unterstand zu bauen. Ich versuchte den Regen zu ignorieren und wälzte mich auf die trockene Seite.

32

Hinter der Isla Meta an der Mündung einer Quebrada lag ein solides Holzboot mit verschraubten Querstreben und einem 50 PS-Außenborder neben einem Floß aus Bambonaholz. Auf der Anhöhe der Böschung erschien ein Hüne mit Vollbart, bekleidet mit Hose und Gummistiefeln.

«Caramba ein Gringo», rief er.

«Verdammt die Guerrilla», dachte ich, aber in diesem Moment tauchten neben dem Riesen auf der Anhöhe drei Kinder auf. Ich winkte ihnen zu.

«Komm herauf!»

Er strahlte mich mit munteren Augen an und umschloß meine Hand mit seiner Pranke, die groß war wie ein Teller.

«Francisco Angel Trujillo, man nennt mich Lucho.»

Ich war neugierig auf diesen Siedler, der sich mit seiner Familie weit von der nächsten menschlichen Ansiedlung entfernt hatte. Wir nahmen an einem langen Tisch in dem nach allen Seiten offenen Haus Platz. Das Haus bestand aus zwei Flügeln, die im rechten Winkel zueinanderstanden. Die kürzere Seite blickte auf die Einmündung des Río Meta, die Längsseite auf den Río Caquetá, eine mit Bedacht gewählte Aussichtsplattform. Die Konstruktion stand auf hohen Pfählen. In der Regenzeit reichte das Wasser bis zu den Fundamenten. Jetzt aber lag sie auf einem Hügel. Auch wenn Lucho für sein Haus die gleichen Baumaterialien verwendete wie die Indianer, so wirkte es doch geradezu luxuriös im Vergleich zu den kargen Unterkünften der Bora und Miraña. Von den Dachbalken hingen gelbe, rote und grüne Stauden unterschiedlicher Bananensorten, Bocadillos und Platanos. Dazwischen verteilten sich die karminroten Früchte des Chontaduro und die violettblauen dicken Trauben der Uva del Monte, eine reichgefüllte Vorratskammer. Von der Kochstelle zog ein Bratenduft herüber, dem ich mich nicht entziehen konnte. Aus mehreren blitzblanken Töpfen, die nebeneinander auf einem Ofen aus gehärtetem Lehm standen, stiegen Dampfschwaden auf. Darunter prasselte das Feuer.

Lucho sah, daß ich ans Essen dachte und gab seinen beiden ältesten Töchtern die Anweisung, die Teller aufzutragen. Sie lächelten verlegen, als sie mir das Essen servierten, Erdnußsuppe, gedünstetes Pintadillofilet mit frittierter Yuka und Platanomus. Nach den faden Fischsuppen und der Tütennahrung der letzten Tage, genoß ich das kulinarische Eßvergnügen. Unter dem Tisch lagen zwei wohlgenährte Jagdhunde. Ein junger Ara watschelte über den Tisch, hüpfte hinunter und schmiegte sich an die Katze, die in der Nähe des Ofens schlief. Lucho und seine Familie waren vor einigen Jahren aus La Pedrera gekommen.

«Meine Frau ist die Tocher eines Yukuna-Häuptlings», erzählte er. «Sie hörte eines Nachts das Fauchen eines Jaguars, der um unser Haus strich. Die Yukuna glauben, daß der Jaguar, der die Nähe der Menschen sucht, von der Seele eines verstorbenen, bösen Schamanen getrieben wird. Bevor ein Unglück passieren würde, verließen wir den Ort.»

Luchos Mutter brachte uns einen Tinto. Sie sprach fließend Spanisch, Portugiesisch und mehrere Indianersprachen. Sie trug eine Hornbrille und einen Hut, in ihrem Mundwinkel hing eine filterlose Zigarette aus dunklem Tabak. Die Familie ernährte sich vom Dschungel. Sie waren Selbstversorger, wie Lucho stolz anmerkte. Sie pflanzten Yuka, Kakao, Erdnüsse, Reis und Bohnen in den Wäldern der Umgebung. Lucho hatte sogar einen Kasten aus feinem Maschendraht zur Fischzucht gebaut, der zwischen zwei bauchigen Bambonastämmen im Río Meta lag. Aber auch sie brauchten Geld, um Benzin zu kaufen, hin und wieder Salz und Seife und Zigaretten für die Mutter. Lucho verkaufte Fisch an das Kühlhaus in Araracuara, und wenn er dort war, reparierte er defekte Außenbordmotoren. Trotzdem reichte es oft nicht, die Jüngsten zur Schule zu schicken; dann unterrichte er sie im Lesen und Schreiben, während die älteren Töchter in Leticia das Bachillerato machten.

Ich legte meine Hängematte zum Trocknen in die Morgensonne und zog mir eine Shorts an. Luchos Töchter flickten meine zerfetzte Hose.

«Heute legen wir eine neue Chagra an», sagte Lucho.

Wir fuhren den Río Caquetá stromaufwärts und steuerten ein Waldstück an, das von fünfundzwanzig Meter hohen Milpesospalmen überragt wurde.

«Wir brennen die Fläche nicht ab, wie es die Colonos und viele Indianer tun, sondern schlagen lediglich das Lianengestrüpp und die kleineren Bäumchen weg. Die großen Bäume bleiben stehen. Vor allem versuchen wir die Wurzeln nicht zu verletzen, damit sich der Wald schnell wieder erholt. Wenn wir die Vegetation hier niederbrennen, würde das fruchtbare Land in der Regenzeit weggeschwemmt. Das schützende Blätterdach soll erhalten bleiben.

«Dort oben», er zeigte in die Baumkronen, «leben die meisten Arten des Regenwaldes, Orchideen, Pilze, Insekten und fast alle sind noch unbekannt. Auch die Photosynthese läuft zum überwiegenden Teil dort ab. In den hohen Bäumen bauen die Vögel ihre Nistplätze. Unter dieser Milpesospalme», er zeigte mir einen Baum mit sternförmig ausufernder Wurzel, «habe ich eines Tages unseren jungen Ara gefunden. Er war aus dem Nest gefallen.»

Als wir zum Haus zurückkamen, spielten die Kinder am Anleger. Sie hatten krause Locken aus verwaschenem dunkelblondem Haar. Der Junge und die drei Mädchen schauten mich aus großen tiefbraunen Augen an. Sie waren versunken in ihre Welt. Mit ihrem wilden Aussehen erinnerten sie an die Abenteuer von Tom Sawyer und Huckleberry Finn. Schweigend standen sie da. Dann zog der Junge an einer Leine, die vom Anleger ins Wasser fiel. Am Haken hing ein hechtgroßer Fisch mit aufgesperrtem Maul, der versuchte, sich vom Druck der Leine freizumachen, um abzutauchen. Doch es war kein wild um sein Leben kämpfendes Tier, das an der Angelschnur hing, sondern ein Haustier der Kinder, das hier bis zum nächsten größeren Essen frischgehalten wurde. Der Junge wuchtete den Fisch auf das Bambonaholz. Er ließ es sich in seiner Gutmütigkeit gefallen. Er hatte Knopfaugen, eine orangene Donald Duck-Schwanzflosse und einen ebenso gefärbten Rückenkamm.

«Ein Guacamayo», klärte mich Lucho auf, «er heißt wie der Ara, weil er die prächtigsten Farben aller großen Fische hat.»

Dann ließ der Junge den Fisch zurück ins Wasser rutschen.

«Du bist seit langer Zeit der erste Reisende, der hier vorbeikommt», sagte Lucho bei Kakao und Yukakuchen. «Sonst kommen nur Fischer und Forscher vorbei. Einmal besuchte uns ein kleiner Trupp Guerrilleros, denen das Militär auf den Fersen war, aber wir wohnen auch für die Guerrilla viel zu abgelegen. Der letzte Reisende, der hier vorbeikam, war wohl Martius.»

Das war übertrieben. Trotzdem konnte ich am Río Caquetá nahtlos an die Zeiten alter Forschungsreisender anknüpfen Der Rió Caquetá war so dünn besiedelt, daß in diesem Teil der Welt in hundert Jahren weniger passierte als in den Städten in einem Monat. Seine Geschichte überlagerte die Gegenwart. Wir redeten über die Caquetáreisenden des letzten Jahrhunderts, als wären sie gestern vorbeigerudert. Ich ergriff einen Zipfel Entdeckungsgeschichte. Wenn noch etwas von der Mythologie des Reisens übriggeblieben war, dann fand sie sich hier am Río Caquetá. Je tiefer ich in den Dschungel eindrang, desto stärker veränderten sich die Kriterien, an denen ich mein bisheriges Leben ausgerichtet hatte. Man konnte an dieser Veränderung zugrunde gehen oder seine Kräfte entfalten. Martius und Humboldt waren von ihren Reisen zurückgekehrt und hatten ein Lebenskonzept entwickelt.

«Heutzutage muß man ebensoweit fahren, um der Wahrheit auf die Spur zu kommen», dachte ich. «Aber der Ausgangspunkt des Reisenden hatte sich verändert. Europa war ein mediales Lügengebilde geworden, ein Affenzirkus der Eitelkeiten. Lohnte es sich überhaupt noch in den alten Kontinent zurückzukehren, um von den Erlebnissen und Erfahrungen zu berichten, oder war es nicht sinnvoller, im Amazonasgebiet zu bleiben und die alte Heimat zu vergessen, dieses standardisierte Leben, in dem man sich unentwegt im Kreis drehte.»

Lucho schien meine Gedanken zu erraten.

«Dies ist nur ein Land für starke Charaktere. Es verändert dich, erst langsam, unmerklich, doch dann von Tag zu Tag mehr. Die Reise durch das Amazonasgebiet wirkt nach, sie begleitet dich immerzu und verändert dein Leben. Meist merkst du erst nach Jahren, wie stark sie dich wirklich verändert hat.»

Der Río Caquetá gehörte zu den ganz großen Verlockungen des modernen Weltreisenden wie die Schlösser der Maharadscha in Rajasthan, die Klöster Tibets und die Karawanenstadt Timbuktu, auch wenn der Fluß nicht den magischen Klang des Ganges, des Brahmaputra oder des Mekong hatte. Aber das war gut so, denn den Río Caquetá hatte ich allein für mich. Konnte es mir im ausgehenden zwanzigsten Jahrhundert besser ergehen?

«Ich muß los, zum Fischen. Komm mit, ich will einen Lechero fangen.»

Wir stiegen den Abhang zum Fluß hinunter und setzten uns in ein kleines Kanu. Mit kräftigen Ruderschlägen trieb Lucho das Boot aus der Quebrada. Eine fingerdicke Nylonschnur von fünfzig Meter Länge lag aufgerollt zwischen uns. Wir steuerten einen Baum am Ufer des Río Caquetá an und machten die Leine fest. Dann hielt Lucho, der vorne saß, auf die Strommitte zu. Das Kanu bewegte sich schnell und ruckartig wie von einer gewaltigen unsichtbaren Kraft gezogen. Ich genoß dieses Gefühl, das silbrige Glitzern auf dem Wasser, das Eintauchen des Paddels und die sanften Wellen, während ich Meter für Meter der Leine abließ. Am vorderen Ende der Leine hatte Lucho einen Palometa an einem kopfgroßen Stein als Köder festgemacht. Er versenkte den Stein in der Mitte des Flusses. Der Stein verschwand im gelbbraunen Wasser, fortgerissen von der starken Strömung. In der Dämmerung waren die Fische hungrig. Ein bis zwei Stunden wollte Lucho dem Lechero Zeit geben, am Fleischerhaken anzubeißen.

Wir schaukelten in den Hängematten und sprachen vertraut wie alte Freunde. Lucho träumte davon, ein Floß zu bauen und sich mit der Strömung flußabwärts treiben zu lassen bis zur Einmündung des Río Caquetá in den Amazonas und von dort weiter und weiter bis ins Meer hinaus.

Er wollte dem Fluß folgen, denn er empfand sich als Teil von ihm.

«Während des Hochwassers ist unser Haus wie ein Schiff, ich müßte nur noch die Leinen kappen», lachte er. «Die wichtigste Reise vollzieht sich im Kopf», fügte er hinzu und rezitierte Zeilen aus Herman Hesses Siddartha, seiner Lieblingslektüre.

«alle die Wellen und Wasser eilten,
leidend, Zielen zu, vielen Zielen,
dem Wasserfall, dem See, der
Stromschnelle, dem Meere und alle Ziele
wurden erreicht, und jedem
folgte ein neues und aus dem Wasser wart Dampf
und stieg in den Himmel,
wart Regen und stürzte aus dem Himmel herab
wart Quelle, wart Bach, wart Fluß,
strebte aufs neue, floß aufs neue.»

Die Stunden verstrichen. Kamillentee stand auf dem Tisch. Plötzlich sprang Lucho auf.

«Ich muß die Leine kontrollieren.»

Ich schaute ihm hinterher. Die Sonne versank hinter den Bäumen. Der Río Caquetá war wie flüssiges Gold. Geblendet schloß ich die Augen.

33

Am nächsten Morgen brachen wir früh auf. Aus dem Frühnebel ertönte das tiefe «*Um*» eines brünstigen Hokkomännchens. Ignacio schnalzte mit der Zunge «*Muy rico!*» aber wir dachten nicht an die Jagd, sondern an die vor uns liegende Strecke. Wir passierten die Dos Islas, die Quebrada La Culebra und die Quebrada Quinche.

Die Zivilisation rückte näher. Die Anzeichen menschlicher Anwesenheit häuften sich. Motorgeräusche ertönten, erst noch entfernt, dann brauste auf der anderen Uferseite ein Kühlboot an uns vorbei. Mein Gruß blieb unerwidert, und ich schaute den metallenen Kühlboxen hinterher.

An der Spitze der Isla Marinane lag ein leckgeschlagenes Kanuita auf dem Bauch und versteckt hinter einigen Bäumen eine verlassene Fischerhütte. Wir machten ein Feuer mit einer angekokelten Plastikflasche, und ich schüttete die letzte Tütensuppe in den Topf. Am Ort des einsamen Fischers war nur Platz für eine Hängematte. Ignacio legte sich auf den Bambonaboden vor die Feuerstelle. Im ersten Licht des Tages griff uns eine Lufteinheit Vampiros an, große Bremsen, deren aufeinanderliegende Flügel die Dreiecksform eines Drachens hatten.

Hals über Kopf flüchteten wir ins Boot.

34

Am rechten und linken Flußufer kamen die Steinhäuser von Araracuara in Sicht. Sie standen in Reih und Glied wie bei einer Ferienanlage. Davor dümpelte eine weißgestrichene Lancha. Auf der anderen Flußseite, in Puerto Santander, wuchsen Hütten aus Holz und Blech den Hang hinauf. Vor uns mußte die Schlucht liegen, durch die sich der Río Caquetá hindurchzwängte; dort war der Chorro del Diablo, der Teufelsschlund. Araracuara war ein Tupí-Guaraní Wort und bedeutete Aranest.

«Wir müssen uns beim Militär melden», sagte Ignacio und hielt mit dem Kanu auf ein langgestrecktes Gebäude am Ortsende von Puerto Santander zu. Auf die Außenfassade waren Soldaten in Camouflageanzügen mit angelegtem Maschinengewehr gemalt. Der Stützpunkt war verlassen, die kolumbianische Flagge hing eingerollt am Mast. Im Vorgarten grasten zwei Pferde. Ignacio war verwirrt. War die Base aufgelöst worden oder der Guerrilla in die Hände gefallen?

Ignacio wendete das Boot und wir steuerten die gegenüberliegende Flußseite an, um bei der Corporación Araracuara nach einer Unterkunft zu fragen. Das wissenschaftliche Institut untersuchte die Regeneration des Regenwaldes. Ihre Steinhäuser sahen einladend aus, und ich freute mich darauf, mal wieder in einem Bett zu schlafen. Ich klopfte an die Eingangstür des Büros. Ein Generator knatterte. Ein hagerer junger Mann mit Nickelbrille, dunklen Locken und einem Spitzbart trat heraus. Er hatte Ähnlichkeit mit dem jungen Trotzki und schaute mich gedankenverloren an. Ich hatte ihn bei seiner Arbeit am Computer unterbrochen. Er könne mir nicht weiterhelfen, der Chef sei in Bogotá und die Bungalows seien ausschließlich für Wissenschaftler der Corporación bestimmt.

Im Boot saßen zwei Indianer, die mit Ignacio zur anderen Seite übersetzen wollten.

«Hier gibt es keine Unterkunft», sagte ich.

«Ich dachte alle Ausländer wohnen in den Steinhäusern», erwiderte Ignacio.

«Oben auf der Flugpiste liegt ein Flugzeugwrack, da kannst du deine Hängematte hineinhängen», scherzte einer der beiden Indianer.

«Geh zu Frederica in Puerto Santander. Die Gorda hat immer einen Übernachtungsplatz», riet der andere.

Fredericas Haus lag am Anleger. Es war größer als alle anderen, eine Wellblechvilla im Maisonettenstil. Eine Holztreppe führte auf die Veranda im Obergeschoß. Vom Geländer hingen rote Begonien in aufgeschnittenen Blechbüchsen, die einzigen Balkonblumen zwischen La Pedrera und Araracuara. Es gab einen Verkaufsraum, dessen Holzlade nach oben geklappt war. Der Laden hatte das übliche Warensortiment aller Dschungelnester, Töpfe, Messer, Scheren, Hemden, Hosen, Socken.

Frederica stand auf der Veranda und kam mir mit einer geöffneten Flasche Aguardiente entgegen. Sie zog ihr T-Shirt über den dicken Bauch und betonte ihren üppigen Busen. Ihr Hintern platzte aus einem Paar schwarzer Leggins. Ihre schmalen Lippen waren violettrot geschminkt. Die langen Haare hatte sie zu einem Zopf geflochten. Sie sah aus wie ein Modell von Fernando Botero, dem weltberühmten Maler aus Medellín, den die Frauen Antioquias zu einem eigenen grotesken Stil der Verdickung inspiriert hatten.

«Ich habe schon gehört, daß ein Gringo angekommen ist. Wenn du eine Hängematte hast, kannst du im Büro der Inderena übernachten. Von denen ist seit Jahren keiner mehr gekommen, und die Miete haben sie auch nicht bezahlt. Komm mit, ich zeige dir das Zimmer.»

An ihren Fersen klebte ein hechelnder Hund, eine häßliche Promenadenmischung, den sie Numero Siete rief. Während ich noch über das Schicksal der sechs Vorgänger nachdachte, betraten wir das Büro, das sich als eine Mischung aus Büro und Werkstatt herausstellte. Neben dem Schreibtisch lagen zwei Außenbordmotoren, ein abgeschlagenes Waschbecken, Schraubenschlüssel, eine Axt, Zementsäkke und ein Berg einzelner Schuhe.

«Schön luftig ist es hier», sagte Frederica, «und man hat einen guten Blick auf den Fluß.»

Ich machte meine Hängematte zwischen Außenbordmotor und Kreissäge am Dachbalken fest. Durch die Ritzen pfiff der Wind. Die Fensterluken waren mit Maschendraht bespannt, dahinter lag ein Gehege für ein Hokkopärchen, das die Köpfe durch die Maschen steckte. Eine Dusche und eine Toilette mit Wasserspülung waren ein unerwarteter Luxus.

«Nimm einen Schluck aus der Flasche», sagte sie, «du kannst mir helfen, den Hokko besoffen zu machen. Morgen wird es Pavo borracho geben, mein Leibgericht.»

Ich probierte einen Schluck. Es war eine klebrige und süße Flüssigkeit, Aguardiente versetzt mit Honig und Kräutern. Im Hokkogehege füllte Frederica die Trinkschale der Vögel und hielt sie dem Männchen hin. Der trank gierig. Auch Frederica nahm einen Schluck aus der Flasche. Kurze Zeit später lief der Hokko im Zickzack durchs Gehege, gackerte und schlug wild mit den gestutzten Flügeln. Dann fiel er um.

«Gib mir die Axt», rief mir die Gorda zu. Sie hob den bewußtlosen Hokko auf, legte ihn auf einen Holzstumpf und schlug ihm den Kopf ab. Sie hielt den toten Vogel an den Krallen und prostete mir zu. «Chuchuguaza hilft gegen Rheumatismus und Impotenz», sagte sie. «Du wirst es nicht brauchen, aber Carlos, mein Mann, könnte einen Schluck vertragen. Den Hokko macht es weich in der Birne, und sein Fleisch wird besonders zart. Ich werde ihn noch mit allerlei Leckereien füllen, Nüssen, Uvas, Bananen, und dann schiebe ich ihn beim Bäcker in den Ofen.» Sie machte eine Pause. «Was bleibt mir hier in diesem fürchterlichen Nest außer Essen und Trinken. Jeder Tag ist wie der andere, mal regnet es mehr mal weniger. Aber es gibt keine Abwechslung. In meiner Jugend war ich in den Bars von Medellín zu Hause. Das waren romantische Stunden und in den Nächten habe ich Tango getanzt. Sieht man mir nicht mehr an. - Nein, diese furchtbare Dschungelluft mit ihrer ewigen Hitze und Feuchtigkeit hat mich zum Hefeteig aufquellen lassen.»

Der Dorfplatz war auch in Puerto Santander der Sportplatz. Am Rande des Fußballfeldes stand ein langer himmelblau gestrichener Holztisch mit zwei rostrot lackierten Bänken, die zur Bude von Doña Marta gehörten. Hier spielte sich das soziale Leben ab.

Doña Marta sorgte für karge Mahlzeiten und frisch aufgebrühten Tinto. In dem winzigen Innenraum frittierte sie Platanos, briet Eier und backte Arepas. Aber nicht das Essen, sondern ihre beiden attraktiven Töchter sorgten dafür, daß am blauen Tisch immer etwas los war. Hier trafen sich die Indianer, bevor sie zum Fischen in den Chorro aufbrachen und die Colonos, um den neuesten Tratsch auszutauschen. Doch meistens lungerten die Polizisten der Dorfpolizei, Grenzpolizei und der Antinarcotico-Einheit um den Tisch herum, scherzten mit den Töchtern, spielten mit ihren Dienstwaffen und warteten auf die Dämmerung, um mit dem Fußballspiel beginnen zu können. In Puerto Santander kickten nicht die Indianer, sondern die Polizei. Alle anderen schauten zu. Am Abend schwirrten die Chicharas um die nackte Glühbirne über dem blauen Tisch. Die Kinder fingen die riesigen schwarzen Zikaden ein und hielten sie sich mit vibrierenden Flügelschlag wie eine Ratsche an die Ohren. Die Polizisten kippten Dosenbier und sangen Vallenatos zur Musik aus einem Transistorradio. Am Ende eines Wochenendes, das sich nur durch erhöhten Alkoholkonsum von den anderen Tagen unterschied, transportierte Mauricio mit seinem knatternden Dreirad sackweise leere Bierdosen ab, die sich am Rande des Dorfes bereits zu einem Berg aufgetürmt hatten. Mauricio, ein hagerer schweigsamer Mann um die sechzig war Aufseher im Dschungelgefängnis von Araracuara gewesen, und er war nur geblieben, weil er eine Huitota geheiratet hatte, mit der er fünf Kinder hatte.

35

Von 1938 bis 1971 war Araracuara eine Strafkolonie. Das Auseinanderfallen der kolumbianischen Gesellschaft seit der Jahrhundertwende hatte zur Errichtung von Straflagern in den entlegenen Regionen des Landes geführt. Zu Beginn des zwanzigsten Jahrhunderts hatte Kolumbiens Hauptstadt Bogotá noch anmutig am Rande der Savanne gelegen, als die Industrialisierung in Europa und Nordamerika bereits den ersten Höhepunkt überschritten hatte. Ihre Bewohner lebten, ob arm, ob reich oberhalb der Kathedrale in flachen Adobehütten mit Ziegeldächern eng beieinander und teilten sich die Gassen mit Maultieren, Kühen und Hühnern. Bogotá war ein abgeschiedener Ort der Welt, ein entrücktes Gebilde, in dem sich Theologen, Philologen und Juristen eingerichtet hatten. Es war mit den wirtschaftlichen Gegebenheiten der Welt nur schwer in Einklang zu bringen. Die Stadt war inmitten der Berge gefangen und ohne Bezug zur Weite des Landes, dessen Grenzen unbekannt waren.

Die Intellektuellen formulierten ihre Gedanken in eisigen und klammen Stuben. Sie träumten von Paris, während sie hinausschauten und auf die Bauern blickten, die das Vieh an den Río San Francisco zur Tränke trieben. Rufino José Cuervo ging nach Frankreich und arbeitete bis zu seinem Tod an der spanischen Elementargrammatik, noch heute das Standardwerk der *lengua castellana.* Kolumbiens größter Dichter José Asunción Silva hielt es in dem Kuhdorf nach seiner Rückkehr nicht mehr aus, verfiel in Depressionen und schoß sich eine Kugel in den Kopf, nachdem er sich mit der Poesie von Baudelaire und Rimbaud infiziert hatte. Die Unzufriedenheit der feinen Leute wuchs, das Dorf mußte aus der Stadt verschwinden. Bogotá sollte endlich zur Hauptstadt werden und das Barrio La Catedral zum exklusiven Wohnviertel. Da verzichtete man lieber auf den Titel «Athen von Südamerika», den man mit Provinzialität statt mit Bildung verband. Die Polis von Bogotá zerfiel.

Das Land hatte 1903 die reiche Panamaprovinz verloren, weil die weltoffenen Panameños viel schneller die Zeichen der neuen Zeit erkannt hatten, als die klerikal-konservative Führungsschicht von Bogotá, deren Präsidentschaftskandidaten vom Erzbischof vorgeschlagen wurden.

Der kolumbianische Senat hatte die Ratifizierung des Vertrages über den Panamakanal abgelehnt, den der amerikanische Präsident Theodore Roosevelt vorgelegt hatte, weil die Amerikaner Truppen entlang der Kanalzone stationieren wollten. Wenn die Kolumbianer schon eine Einschränkung der staatlichen Souveränität hinnehmen mußten, dann wollten sie wenigstens einen höheren Pachtzins herausholen. Darauf hatte Roosevelt nur gewartet. Er nannte die Kolumbianer *«verächtliche kleine Kriecher und uneffiziente Banditen»* und nahm den Panamakanal im Namen der Weltgemeinschaft in Besitz.

Kolumbien war ein isoliertes Land, bestehend aus den Hochebenen von Cundinamarca mit der Hauptstadt Bogotá und dem hügeligen Antioquia mit dem Städtchen Medellín. Dazwischen verloren sich einige wenige Dörfer. Kolumbien war einsam wie Birma oder Bhutan. Im Amazonasgebiet drohten weitere Landverluste an Peru und Brasilien.

Die Stimmung in Bogotá war wieder einmal auf dem Tiefpunkt. Die modernen Denker scharrten sich unter dem

Caudillo Rafael Uribe Uribe, der das Befreiungsheer der Liberalen im Krieg der Mil Dias geführt hatte. Heftig diskutierten sie in kalten und regnerischen Nächten über die Zukunft des Landes. Uribe sprach von einer gerechten Verteilung von Grund und Boden. Er beschwor den Aufbruch des Andenlandes in die Tiefebenen von Llanos und Amazonasgebiet, in die Gebiete, aus denen Bolívar und Santander einst gekommen waren, um das Land den Spaniern zu entreißen.

Weltweit träumten Politiker und Intellektuelle vom «Neuen Menschen». Die einen folgten den Lehren von Karl Marx, die anderen denen Friedrich Nietzsches. Rafael Uribe Uribe saugte das Gedankengut auf, das die Gelehrten aus Paris mitbrachten.

Das Blut der europäischen Einwanderer sollte den Neuen Kolumbianer hervorbringen, einen schneidigen, kräftigen Menschen, modern, nach vorne gewandt, für den es ein leichtes sei, den Dschungel zu bezwingen. Doch freiwillig wollte niemand die Höhenlagen verlassen, um in malariaverseuchten Gegenden Landwirtschaft zu betreiben. Der General dachte weiter als die meisten Politiker, die ihm folgen sollten und deren Horizont beim Country Club in der hundertachtundzwanzigsten Straße an der Peripherie des heutigen Bogotás endet. Die politische Klasse lehnte Reformen ab und wollte sich endlich den Vergnügungen des Großstadtlebens widmen, auf das man solange verzichtet hatte. Bald herrschte « *auf den Empfängen eine Eleganz, die der von Washington oder New York in nichts nachstand* », wie der Diplomat und Empresario Demetrio Salamanca begeistert feststellte.

An einem klaren Tag in der Trockenzeit des Jahres 1935 startete in La Pedrera ein Wasserflugzeug und nahm Kurs entlang des Río Caquetá. An Bord war der Innenminister der ersten liberalen Regierung, Alberto Lleras, ein politischer Enkel Uribes, der nach dem Sieg über die Peruaner das Grenzgebiet in Augenschein nehmen wollte. Die Maschine erreichte den Chorro von Araracuara, wendete und landete auf einer langgestreckten Sandbank. Der Innenminister kletterte aus der Kabine und wurde von einem Schwarm Jején überfallen.

«Ein guter Ort für eine Strafkolonie. Hier werden die Stechfliegen den Häftlingen den Garaus machen», hoffte er.

Am 9. Januar 1939 wurde die Colonia Penal Y Agricola del Sur in Araracuara gegründet. Wieder einmal stand eine These des französischen Aufklärers Jean Jacques Rousseau am Río Caquetá auf dem Prüfstand. Rousseau hatte behauptet, der Mensch sei von Natur aus gut, doch die Gesellschaft verderbe ihn. Also, schloß er, könne mit der Rückkehr zur Natur das Schlechte im Menschen beseitigt werden. Seine Idee hatte in Europa die Einrichtung von Besserungsanstalten auf dem Lande zur Folge gehabt, in Kolumbien sollten Sträflingskolonien im Dschungel die «Kriminellen» aufnehmen. Es waren nicht die von Rafael Uribe Uribe erträumten muskulösen jungen Männer mit Malariaresistenz, die in Araracuara eintrafen, sondern arme Teufel aus Bogotá und Medellín, die ein Huhn oder eine Billardkugel gestohlen hatten.

Innenminister Lleras hatte ein Gesetz auf den Weg gebracht, das Vagabunden, Bösewichter und Gelegenheitsdiebe zu Verbrechern stempelte, ein Konstrukt schwammiger Begriffe, dazu gemacht, das wachsende soziale Elend aus den Städten zu vertreiben. Die «Ley Lleras» bestrafte den Täter und nicht die Tat. Es bot die praktische Handhabe, um Männer, die ohne festen Wohnsitz und ohne feste Arbeit waren, die bettelten oder Marihuana geraucht hatten, reihenweise in den Dschungel zu schicken. Der Katalog strafbewehrter Verhaltensweisen wurde im Laufe der Jahre immer mehr ausgebaut und rief in einem Land, in dem die Violencia schwelte, die Denunzianten auf den Plan.

Die Ankunft der ersten Gefangenen fiel mit der Rückkehr der Andoque, Muinane, Huitoto in ihr traditionelles Gebiet zusammen. Sie hatten die Greuel der Casa Arana überlebt und wurden nun verpflichtet, den Wald für die Steinhäuser des Zentrallagers der Kolonie zu roden. Viele raffte eine Masernepedemie hinweg. Doch sie blieben, denn sie hätten alles ertragen, nur nicht die Fortsetzung des peruanischen Zwangsarbeitssystems.

Bis Mitte der sechziger Jahre wuchs die Strafkolonie auf tausendsechshundert Häftlinge an. Sie verteilten sich auf mehrere Lager entlang des Río Caquetá. Auf der Insel Las Mercedes waren die Jugendlichen, auf der Insel Yarí die Politischen untergebracht.

Im Schlaf- und Eßraum des ehemaligen Zentrallagers stand nun der verrottete Lkw, der die Häftlinge transportiert hatte, zwischen Benzinfässern, Werkzeugen und den Außenbordmotoren der Corporación. Die Holzkreuze auf den vier Friedhöfen entlang der Straße zur Flugpiste waren ebenso verschwunden wie die engen Eisenkäfige, in die die aufsässigen Häftlinge gesperrt wurden.

Die Indianer halfen den Häftlingen Chagras anzulegen. Sie pflanzten Zuckerrohr, Mais, Reis, Platanos. Das reichte leidlich, um sich selbst zu versorgen, denn der Nachschub aus dem Inland blieb oft wochenlang aus und wurde in der Regenzeit vollständig eingestellt. Ein Fehlschlag war die Einführung der Rinderzucht. An keinem anderen Ort Kolumbiens gab es ausgemergeltere Rinder als hier.

Häftlinge, Siedler und Indianer machten Jagd auf Tapire, Wildschweine und Wollaffen in den Salados Arroz, Quinché und Aduche. Hunger und Gewalt waren alltäglich, ein Mord für ein Stück lederner Schlangenhaut keine Seltenheit.

Nach Verbüßung der Haftstrafe sollten die Häftlinge als Colonos bleiben. Die Regierung versuchte dem Frauenmangel abzuhelfen und schickte Stadtprostituierte, die sich in Landfrauen verwandeln sollten. Auf der anderen Flußseite entstand Puerto Santander.

Am 18. April 1971 wurde die Strafkolonie per Dekret des Präsidenten Misael Pastrana aufgelöst. Die Kolonisationsbemühungen waren gescheitert und Araracuara blieb, was es seit je her war, eine Ansiedlung weit ab von der übrigen Menschheit, vergessen in einem endlosen Dschungelmeer. Das Vermögen der Strafkolonie wurde dem Landwirtschaftsministerium zugeschlagen. Die Beamten erstellten eine Inventarliste. Die Gefängnisbibliothek besaß einen einzigen Roman: *Hundert Jahre Einsamkeit.*

Im tropischen Amerika war die Zeit der Strafkolonien vorbei. Gorgona vor der kolumbianischen Pazifikküste, die Teufelsinseln in Französisch-Guayana, die Galapagosinsel Isabella hatten in den siebziger und achtziger Jahren ihre Pforten geschlossen und wurden kurz darauf zu Naturparks erklärt.

Für die Gefangenen von einst war es das Ende der Welt. Jetzt war Araracuara zum Vorposten einer noch unverfälschten Welt geworden.

36

Am nächsten Morgen weckte mich die laute Stimme von Radio Caracol bereits um vier Uhr zwanzig. Carlos war schwerhörig und hörte die Frühnachrichten, unterbrochen von Vallenatos, den aktuellen Viehauktionspreisen und Werbung für Aguilabier «*Sin egal y siempre egal*», ehe der Empfang schlechter wurde und gegen sechs Uhr in einem Tonsalat aus Krächzen und Knacken unterging.

Carlos entging nichts, obwohl er nie das Haus verließ. Er schlurfte im Bademantel und karierten Filzpantoffeln an meiner Tür vorbei, um seine Gemüsebeete zu begutachten, die er hinter dem Gehege der Hokkos angelegt hatte. In aufgesägten Benzinfässern züchtete er Zwiebeln und Tomaten. Die Tomaten waren grün und mickrig und gediehen so gut wie Ananas in Alaska. Er warf einen minutenlangen, durchdringenden Blick in meine Unterkunft, der das Blut in meinen Adern gefrieren ließ. Ohne ein Wort zu sagen, drehte er sich um und verschwand in seinem Zimmer, das direkt hinter dem Inderena-Büro liegen mußte. Ich sehnte mich nach der Dschungelruhe und der Harmonie von Puerto Remanzo zurück.

Der Dorfgenerator lief von achtzehn bis einundzwanzig Uhr. Die Beleuchtung wurde rationiert und jeden Tag erloschen mehr Lichter, bis nur noch die Glühbirne über dem Tisch von Doña Marta brannte. Seit Wochen kam kein Benzin mehr aus Bogotá, um den Generator anzutreiben. Alle hofften auf Zumaeta, den Abgeordneten des Departements Amazonas. Ihm gehörte das Kühlhaus von Puerto Santander. Die Zumaetas waren mit Julio Cesar Arana verwandt und hatten die Indianer seit der Kautschukzeit für sich arbeiten lassen.

Zumaeta kam an einem Samstag mit der Satena an. Er traf sich mit Hernando Mora, dem Corregidor, und José, einem Colono, um dessen Hals ein Kettchen mit dem Schneidezahn eines Ozelots hing, am blauen Tisch. Sie diskutierten eine neue Verordnung aus Bogotá, die ein Jagdverbot für Charapaschildkröten vorschrieb.

«Wie es aussieht», sagte Zumaeta, «muß die Jagd auf die Charapas eingeschränkt werden.»

Hernando Mora war damit nicht einverstanden.

«Man muß bedenken, daß das Fleisch der Charapa ein Grundnahrungsmittel der Indianer ist.»

«Und der Colonos», ergänzte José.

«Stimmt», pflichtete ihm Mora bei. «Außerdem gibt es immer noch genug. Erst gestern habe ich wieder eine Menge Schildkröten am Strand von Las Mercedes gesehen. Wir haben doch schon das Inderena-Schutzprogramm, da können wir die Verordnung wohl ein wenig großzügiger auslegen. Es ist wie immer, die Leute aus dem Inland wissen eben nicht wie es bei uns aussieht.»

«Wir sind nicht wie die Brasilianer, die ganze Schiffsladungen abschlachten», bekräftigte Zumaeta.

«Wenn ich an die Pfannkuchen aus Schildkröteneiern denke, läuft mir das Wasser im Munde zusammen», schwärmte José.

Sie waren mit ihrem Gesprächsergebnis zufrieden und bestellten bei Doña Marta einen Tinto.

Zumaeta war froh, ein Thema von vermeintlich lokalem Interesse vom Tisch zu haben und wandte sich mir zu.

«Ich freue mich über ausländische Besucher in Araracuara. Es kommen viel zu wenige. Das ist schade, denn wir haben hier eine Menge zu bieten, Wasserfälle, Jagdausflüge, Indianergemeinden. Ich habe gehört, daß die Touristen in Leticia viele Dollar ausgeben, um echte Indianer zu sehen. Indianer haben wir hier auch. Im Chorro könnt ihr die wilden Schlauchbootfahrten machen, die bei euch so beliebt sind. Ich sehe es schon vor mir, wir bauen ein großes Hotel und kaufen eine Bootsflotte. Während der Kautschukzeit haben wir gute Geschäfte mit Europa gemacht. Es wäre schön, wir könnten den Handel wieder in Schwung bringen. Im Augenblick denke ich daran, das Geschäft mit den Fischen auszuweiten. Die Lecheros werfen nichts mehr ab. Wenn mir meine Indianer nicht so am Herzen lägen, hätte ich das Kühlhaus längst dichtgemacht. Die Zukunft liegt im Amazonaskaviar.» Er kam richtig in Fahrt. «Die Russen können bald nicht mehr liefern, weil die Störe im Kaspischen Meer aussterben. Dann werden die Spitzenrestaurants aus New York, Paris und London bei Zumaeta ordern.»

Ich fragte ihn, wo er den Kaviar hernehmen wolle.

«Ich werde den Rogen der Gamitanas in den Überschwemmungswäldern im Río Cahuinarí abernten lassen.»

«Das ist doch das Land der Bora und Miraña», sagte ich.

«Das ist erst einmal kolumbianisches Staatsgebiet, und bevor es das wurde, gehörte es meiner Familie.»

Ich hatte ihn durch meine Frage verärgert, und er stand auf.

«Ich bin in Eile», sagte er und wandte sich bereits im Gehen an den Corregidor. «Häng die Luftballons und die Girlanden auf und vergiß nicht die Bonbons für die Kinder. Du weißt, jede Stimme zählt.»

Am späten Nachmittag holte mich die Gorda aus meiner Siesta, in die mich das sanfte Schaukeln der Hängematte und die brütende Hitze unter dem Wellblechdach versetzt hatte. Frederica war aufgeregt.

«El Baron ist angekommen. Du mußt ihn kennenlernen. Ich werde den Pavo Boracho auftragen», sagte sie.

Im Wohnzimmer stand eine Glasvitrine mit einem präparierten Kaimanschädel, der mich aus leeren Glasaugen mit riesigen Pupillen furchterregend ansah. Gesellschaft leistete ihm ein Teddybär, zwischen dessen Tatzen ein vergilbter Prospekt des Museo de Oro aus Bogotá steckte. Auf der Vitrine lag ein Videorecorder, hinter den geblümten Vorhängen verbargen sich die Schlafzimmer.

El Baron war der Baron von Hayerman, ein dänischer Völkerkundler, der sich auf die Entdeckung unbekannter Indianervölker spezialisiert hatte.

«Niemand hat in den letzten Jahren mehr unentdeckte Völker aufgespürt als ich», brüstete er sich.

«Ich werte seit vielen Jahren die Satellitenbilder des Amazonasgebietes aus. Meinen letzten Stamm habe ich 1995 im brasilianisch-bolivianischen Grenzgebiet aufgetan. Auf den Satellitenbildern sahen die Unterstände wie Pilze aus, schwer zu erkennen. In den Achtzigern hatte ich Satellitenbilder vom Río Guaviare gesehen und ähnliche Pilze entdeckt, aber ich hatte die palmengedeckten Unterstände der Nukak Maku für gut getarnte Kokaküchen gehalten.»

Noch immer wurden im Amazonasgebiet unbekannte Indianer entdeckt, die plötzlich mit der Außenwelt in Kontakt kamen, wenn Siedler in ihr Gebiet eindrangen. Es waren Kleinstgruppen, einige Familien oder nur eine einzige Familie, die durch noch unerschlossene Regionen des Regenwaldes streiften und bislang von der Wissenschaft übersehen worden waren.

Im April 1988 waren die Nukak Maku aus dem Inneren

des Waldes aufgetaucht und in das grelle Licht der Weltöffentlichkeit getreten. Eines Morgens sah ein Kokabauer in Calamar wie eine Gruppe Indianer auf seiner Chagra Yukawurzeln einsammelte. Er wollte die Diebe schon mit seiner Schrotflinte vertreiben, da bemerkte er, daß sie nackt waren und Blasrohre trugen. Als sie sich durch die Vermittlung des Angehörigen einer andern Maku-Gruppe verständlich machen konnten, gaben sie zu Protokoll, daß sie aufgebrochen seien, als der Chontaduro grün gewesen war. Fünf Monate waren seitdem vergangen und die Nukak Maku waren Hunderte von Kilometern durch den Regenwald gelaufen. Sie lebten wie vor Tausenden von Jahren und durchstreiften in kleinen Grüppchen das weite Gebiet zwischen den Flüssen Guaviare, Inirida und Vaupés. Ihre Hängematten flochten sie aus der Faser der Morichepalme. Sie kannten keine festen Hütten und verließen nach jeder Nacht ihre Lagerplätze, um mit ihren langen Blasrohren Jagd auf Vögel, Affen und Agutis zu machen. Die Flußindianer hatten sie einst in die nährstoffarmen Regionen abgedrängt, wo der Fischfang allenfalls eine untergeordnete Rolle spielte.

«In Brasilien ist die Zeit der unentdeckten Indianervölker vorbei», sagte der Baron. «Es bleibt Kolumbien. Unter den Nebelschleiern des Chiribiquete, in den tiefen Schluchten, verbirgt sich der letzte noch unbekannte Eingeborenenstamm Südamerikas, ein versprengter Clan, eine übriggebliebene Familie der Karijona. Ich werde sie finden. Das ist meine letzte Mission.»

Aus seinem Metallkoffer holte er eine Videokassette, die die Gorda in den Apparat schob. Es war ein Film über den Chiribiquete, den der Baron vom Hubschrauber aus gedreht hatte. Der Film begann mit einer wilden Kamerafahrt durch tiefe Schluchten und steil aufragenden Tepuis, die mit Pink Floyd Klängen unterlegt war. Dann folgte die Großeinstellung einer vollbelebten Straße von Blattschneiderameisen, auf deren Rücken die Blätter tanzten wie die Bultos auf den Rücken der Indianer. Die Musik wurde ausgeblendet, und der Baron stand in seinem Parka vor den Felszeichnungen mit den Strichmännchen und Lastentieren, die wie Hirsche aussahen, aber auch Lamas hätten sein können. Der Wind fuhr in sein semmelblondes Haar wie in die Ähren eines Kornfeldes, während er ins Mikrophon bellte, um gegen das Hubschraubergeräusch anzukommen. Er sprach von Völkerwanderungen und unerforschten Handelswegen zwischen den Anden und dem Amazonasgebiet.

«Ist es nicht besser, die letzten unentdeckten Indianer in Ruhe zu lassen? Sind sie nicht besonders anfällig für die Krankheiten der Weißen?» fragte ich.

Der Baron schien auf meine Kritik gewartet zu haben.

«Wir müssen den Colonos zuvorkommen. Nur wenn wir schneller sind als die Goldsucher, die Guerrilla und die Drogenmafia, bleibt Zeit, um ein Schutzreservat zu errichten und die neu entdeckten Indianervölker vor der sicheren Ausrottung zu bewahren», und dann fügte er hinzu, «ich sehe das ganz pragmatisch. Die ungebremste Entwicklung im Amazonasgebiet war mir früher wie der Inbegriff grenzenloser Freiheit erschienen, aber sie ist nichts anderes als das Recht des Stärkeren. Wer nicht bekannt ist, wird nicht geschützt. Dann gibt es kein Medieninteresse und keinen internationalen Druck.

Aber der Untergang der kleinen, nicht akkulturierten Indianervölker, der letzten Jäger und Sammler, ist durch internationalen Druck wenigstens um einige Jahre aufzuhalten.

Wenn sie aber nur unter großen Schwierigkeiten weiterleben könnten, sollten wir uns wenigstens bemühen, ihre Sprache zu erlernen, um das große Mosaik des Amazonas um einen Stein zu erweitern, der uns später einmal unser eigenes Überleben sichern könnte und wenigstens ihr Andenken wahrt.»

Der Baron biß in die Keule des Pavo Boracho und lobte die Kochkunst der Gorda, die sich geschmeichelt fühlte.

«Was braucht man schon im Leben, eine gute Küche, ein stabiles Boot und einen funktionierenden Außenborder.» Er verabschiedete sich von mir. «Ich schaue mir noch einige Pflanzen unterm Mikroskop an. Morgen geht's in den Chiribiquete.»

37

Meine geflickte Hose war wieder aufgerissen. Ich trug Shorts und wurde von den schwarzen Jején, die in den Nachmittagsstunden in Schwärmen auftauchten, geplagt. Die Haut der Colonos und Indianer war übersät von winzigen schwarzen Punkten, die von den blutigen Einstichen herrührten. Auch mich machte der Juckreiz verrückt. Ich mußte die Shorts dringend gegen ein Paar langer Hosen eintauschen. Ich ging in Fredericas Laden und fragte sie nach einer Hose. Sie kramte unter dem Ladentisch eine dunkelbraune Altherrenhose hervor, die sie für Carlos hatte schneidern lassen. Um den Bauch herum paßte ich zweimal herein, dafür reichte sie bloß bis zu den Waden. Es war die einzige Hose.

Das kolumbianische Militär trug Anzüge in Tarnfarbe. Ich fragte einen der Soldaten, ob er mir eine Drillichhose besorgen könnte. Er dachte angestrengt nach und begann zu stottern.

«Du bist ein Mono, ein Blonder! Die Guerrilla hält dich für einen feindlichen Gringosoldaten und erschießt dich auf der Stelle.»

Plötzlich fielen mir die Amerikaner ein. Am gegenüberliegenden Flußufer spielte sich jeden Morgen pünktlich um acht Uhr die gleiche Szene ab. Von der Flugpiste kam ein Konvoi den lehmigen Weg hinunter. Einem Hummer-Geländewagen, den die US-Army erstmals im Golfkrieg eingesetzt hatte, folgten zwei schwere Tanklaster. Der Hummer stoppte vor der Lagerhalle der Corporación. Die Dieselmotoren der Tanklaster dröhnten beim Wenden der

Fahrzeuge. Zwei kräftige Amerikaner sprangen heraus, warfen die Schläuche wie Elefantenrüssel in den Fluß und pumpten die Tagesration Wasser heraus. Sie brüllten in unverkennbarem Südstaatenakzent über den Fluß, als wären sie daheim in Georgia oder Tennessee.

«Wo Amerikaner sind, da ist Amerika», dachte ich.

Es waren die Fahrzeuge der DEA, der amerikanischen Drogenabwehrbehörde, deren Aufgabe es war, illegale Flüge über dem Territorium Kolumbiens aufzuklären, Flugzeuge abzufangen und wenn nötig abzuschießen. Der Satellit hatte 1989 auf einer der Hochsavannen in der Nähe eine tausendsiebenhundert Meter lange Landepiste entdeckt, ausgerüstet mit Signallampen für den Nachtflug. Die Flugzeuge der Drogenhändler waren aus Bolivien und Peru gekommen und hatten die Kokaballen abgeladen. Indianer hatten Benzinkanister zur Hochfläche und auf dem Rückweg die Kokaballen zu den im Wald versteckten Laboratorien. Der Bloque Sur der revolutionären kolumbianischen Streitkräfte FARC bewachte die Laboratorien. Der Kokainhandel war inzwischen zur Haupteinnahmequelle der Guerrilla geworden.

Ich ließ mich auf die andere Seite übersetzen und folgte den tiefen Reifenspuren der Militärfahrzeuge den Berg hinauf. Ich erreichte ein Hochplateau mit einer Landepiste. Die Vegetation war karg und erinnerte an eine Heidelandschaft. Auf der Hochebene standen Sträucher in Bonsaigröße zwischen schwarzen Granitfelsen. Vor mir im Sand lag ein zerrissener Pappkarton, auf dem in dicken Lettern *Purified Water* stand. Weiter weg lagen leere Patronenhülsen und verblichene durchlöcherte Zielscheiben, menschengroße Pappfiguren mit buschigen schwarzen Augenbrauen. Mein Blick fiel auf die Wachtürme eines Camps, daneben lag das ausgeschlachtete Flugzeugwrack einer

DC 3. Das Lager war mit Natodraht eingezäunt. Dahinter standen die Stümpfe wahllos abgeschlagener Bäume. Die Hütten standen auf Pfählen und hatten kegelförmige Palmendächer. An dem schmalen Verbindungsweg aus Sandsäcken standen überall Schilder. *Fotografieren verboten! Plaza de las Armas* hieß die plattgetretene Stelle vor der größten Hütte. Es war das Camp der kolumbianischen Armee. Die verbündeten Amerikaner hatten sich am anderen Ende der Flugpiste verschanzt. Der kreisende Radarschirm überragte das Lager, das sich unter Tarnmatten in Dschungelgrün verbarg. Ich lenkte meine Schritte in Richtung des amerikanischen Camps. Einige hundert Meter vor der Base hielt mich ein kolumbianischer Rekrut an.

«Wie heißt du, wen soll ich melden?» sagte er.

Ich nannte Namen und Nationalität. Der Soldat verschwand in Richtung Base. Nach geraumer Zeit sah ich eine Dreiergruppe eilenden Schrittes auf mich zukommen. Außer Atem kamen sie vor mir zum Stehen und erhoben den Arm zum militärischen Gruß. Ich erwiderte mit dem Ansatz eines militärischen Grußes oder was ich dafür hielt.

«Ich bin Oberleutnant Smith, das sind meine Stellvertreter, Leutnant Taylor und Leutnant Adams. Was haben Sie mir mitzuteilen?»

Ich wunderte mich, daß auf mein Erscheinen hin, der gesamte Führungsstab der Base ausgerückt war. Es wäre wohl das Beste, direkt zur Sache zu kommen.

«Ich brauche eine Hose, am besten eine Jeans.»

Drei Sekunden war es still. Der Oberleutnant nahm seine Ray Ban ab, rieb sich mit Daumen und Zeigefinger den Schweiß vom Nasenrücken und schaute mir direkt ins Gesicht, so als dachte er einen Augenblick darüber nach, ob ich mir einen Scherz erlaubt hatte. Er setzte die Brille auf.

«Welche Größe haben Sie? Ich werde sehen, was ich für Sie tun kann», sagte er, sichtlich bemüht, Haltung zu bewahren. «Kommen sie morgen wieder.»

Sie drehten sich um und liefen zur Base zurück. Auf dem Rückweg überholten mich zwei ausgemergelte kolumbianische Rekruten mit Schulerhaarschnitt. Auf ihren Schultern lag eine Holzstange, an der ein mit Wasser gefüllter Zwanzig-Gallonenkanister hing. Es war die Wasserration für das kolumbianische Camp, die sie täglich von den Amerikanern bekamen. Sie trugen den Kanister wie ich mit Freddy Fisher den Benzinkanister um den Chorro de Cordoba getragen hatte.

Ich lief am kolumbianischen Camp vorbei, die Piste entlang, die zur anderen Seite der Schlucht nach Puerto Arturo führte. Puerto Arturo bestand aus einer Hütte und einem Schuppen, unter dessen Überdachung ein größeres Holzboot lag, das schon längere Zeit nicht mehr benutzt worden war. Am Eingang des Chorro war seit altersher Endstation für alle Boote, die vom Oberlauf des Río Caquetá hinunterkamen.

Ich warf einen Blick nach Westen. Auf eine bestimmte Art wirkte der Fluß inhaltsleer, ohne den magischen Zauber, der mich seit La Pedrera begleitet hatte. Auf der anderen Seite des Chorro von Araracuara schien es ein ganz gewöhnlicher Fluß zu sein. Erst seine wilde Jagd durch den Schlund verwandelte ihn.

Ich lief zurück. Am Rande der Flugpiste nahm ich eine Erfrischung bei José zu mir. Er hatte eine Hütte mit einem Generator und selbst am Tage eiskalte Cola. Ich traf den kolumbianischen Kommandanten, einen jungen kräftigen Mann mit Muskeln wie ein Bodybuilder.Gemeinsam machten wir uns auf den Weg nach Puerto Santander.

«In zwei Tagen kommt die Hercules», sagte er.

«Ich muß von der Telecom die Passagierliste ins Hauptquartier nach Bogotá melden. Möchtest du mitfliegen? Der Flug ist umsonst.»

«Auch für Ausländer?»

«Natürlich für jeden. Wir Kolumbianer machen keine Unterschiede.»

Als wir zum Fluß hinunterliefen, schaute ich über den weiten Dschungel in Richtung Osten. An vielen Stellen stiegen bläulichgraue Rauchsäulen gen Himmel. Überall wurden neue Chagras angelegt.

Die kolumbianische Einheit hatte weder ein eigenes Telefon noch Funkkontakt mit Bogotá. Sie hatte auch keine Fahrzeuge und Boote. Die Soldaten mußten wie ich auf eine Mitfahrgelegenheit auf die andere Flußseite warten. Als wir zu einem Fischer ins Boot stiegen, zog der Kommandant seine Schwimmweste an. Das war Vorschrift. In Puerto Santander machte er sich an der Rückwand des Elektrokastens am Telefonhäuschen zu schaffen und rief der Telefonistin zu:

«Ich blockiere mal eben die Leitung», er blinzelte mir zu. «Wenn du günstig nach Deutschland telefonieren willst, sag mir Bescheid.»

Die Ankunft der Hercules war das Gesprächsthema am blauen Tisch und interessierte Colonos wie Indianer gleichermaßen.

Einer der Indianer war Victor, ein Muinane. Seine Vorfahren hatten einst im Quellgebiet des Río Cahuinarí gelebt. Nun teilte er sich mit seinem Bruder und dem alten Vater eine Hütte in Puerto Santander, die weiter oben am Bergrücken lag. Victor und sein Bruder nahmen nicht am täglichen Fischfang im Chorro teil.

«Es reicht schon, wenn die Amerikaner alles durcheinanderbringen. *Nofiniyaki*, der Herr der Strudel, mag es nicht, wenn wir ihm auch noch alle Fische entreißen», erklärte er mir. «Seitdem die Amerikaner auf der Savanne nach Wasser bohren, weinen die Götter. Die Soldaten auf der Savanne zertrampeln die Heilpflanzen, die nur dort wachsen, die Fische im Chorro werden kleiner, und die Regenzeiten dauern länger. Die Gringos haben die Felsen durchlöchert, aber sie haben kein Wasser gefunden. Nun pumpen sie schlammiges Flußwasser aus dem Río Caquetá. Es wird sie krank machen, wie es uns früher krank gemacht hat. *Nofiniyaki,* der Herr der Strudel, wird eines Tages dafür sorgen, daß die Amerikaner verschwinden.»

38

Der Chorro von Araracuara war Indianerland. Entlang des Weges zur Flugpiste hatten Archäologen Tonscherben gefunden, die auf viereinhalb Jahrtausende datiert wurden. Auf den Felsen beider Ufer erschienen während der Trockenzeit Dutzende von Felszeichnungen, Strichmännchen, Rhomben, Schlangenlinien, die bereits stark verwittert waren. Ihr Alter ließ sich nur schwer bestimmen, denn die periodischen Überflutungen hatten die Erosion beschleunigt. Zur Zeit des Niedrigwassers hatten die Indianer ihre Welt in den Figuren festgehalten, die der anschwellende Fluß mit sich nahm und ein halbes Jahr später wieder freigab. Solange die Zeichen nicht verschwinden würden, bekräftigten sie den Pakt mit den Göttern der Stromschnellen immerzu aufs neue. Man wußte kaum etwas von den Menschen des Amazonasgebietes vor den Zeiten der spanischen und portugiesischen Eroberer. Vor nicht einmal so langer Zeit hatte man geglaubt, die (Kultur-)Geschichte Südamerikas habe in den Höhenlagen der Anden begonnen. Die verworrene Vielfalt der indianischen Kulturen, das Übereinander und Nebeneinander verschiedener Kulturareale hatten auch die Wissenschaftlergenerationen nach Martius verwirrt. Als gesichert galt nun die Erkenntnis, daß die frühen Indianer Südamerikas, die sogenannten Paleo-Indios vor einigen Jahrtausenden aus dem Guayanagebiet aufgebrochen waren, als sich infolge einer langen Trockenperiode die undurchdringliche Dschungelfront zu lichten begonnen hatte. Auf ihren Wanderungen hatten einige Gruppen den Río Caquetá erreicht und waren am Chorro von Araracuara geblieben. Der Chorro war voller Fische und bildete eine wichtige Proteinquelle. Die Indianer rodeten den Wald und pflanzten Yuka. Sie stellten Steinwerkzeuge her und ritzten Zeichnungen in die Felsen, um den Göttern zu danken. Es waren die Vorfahren der Andoque. Ihnen gegenüber standen die Karijona, eine Gruppe der Karibindianer, ein manisches Wandervolk, für die Araracuara zum südwestlichen Brükkenkopf ihrer Expansion wurde. Die Kariben hatten bei der Ankunft der Spanier und Portugiesen ein Gebiet besiedelt, das der Ausdehnung des Inkareiches entsprach. Aber es war kein Reich mit Straßen, Bewässerungsanlagen und einem Verwaltungssystem. Die Karijona waren und blieben Nomaden und im Unterschied zu den Regenwaldindianern, die sich immer perfekter an das Leben unter dem Dach des Dschungels anpaßten, bevorzugten sie die offenen Savannen und zogen um 1200 n. Chr. nach Nordosten. Einhundert Jahre später erreichten sie die Karibikküste und verdrängten die friedlichen Arawak-Indianer. Sie bauten lange Pirogen und besiedelten die Antillen.

Kolumbus war der erste Weiße, der sie zu Gesicht bekam, als er Hispanola ansteuerte. Die Kariben galten bald als blutrünstige Kannibalen, was ihr Schicksal in der Karibik in Kürze besiegelte, denn als Menschenfresser fielen sie nicht unter das königliche Sklavereiverbot. Innerhalb weniger Jahre waren die Karibindianer auf Kuba und Hispanola ausgerottet. Am Orinoco und am Río Negro setzten sie sich zur Wehr. Im 17. Jahrhundert jagten sie die spanischen Jesuitenmissionen davon. In wechselnden Allianzen mit Holländern, Engländern und Portugiesen bekämpften sie das spanische Imperium. Ihre Guerrillataktik hemmte den spanischen Vorstoß ins Amazonasgebiet. Die

Spanier blieben in den Anden. Die Karijona waren überall und nirgendwo.

Martius war am 22. Januar in Porto dos Miranhas zum Chorro von Araracuara aufgebrochen. Er war in erregter Erwartung und zugleich banger Sorge vor einer Begegnung mit ihnen. Aber die wilden Umáuas, wie sie damals genannt wurden, zeigten sich nicht, er fand nur die Überreste eines Nachtlagers, *«Feuerstätten, zerbrochene Schüsseln und Pfannen»*, ein Unterstand aus Palmenblättern, nicht viel um sich ein eigenes Bild machen zu können. Aufmerksam beobachtete er die Ufer und sah sich schon am Ziel seiner Wünsche, als er in einer Bucht eines ihrer typischen Langboote entdeckte, die wie die Pirogen aufgesetzte Bordplanken hatten, aber der Einbaum war verlassen, und an Stelle der Karijona traf er einen brasilianischen Händler aus Ega, der in dieser Gegend anscheinend ohne Furcht vor den Indianern mit seinen Leuten in aller Seelenruhe Salsaparilhawurzeln sammelte. In einem verlassenen Boot lag ein kleines viereckiges Holzschild, dessen Griff aus Lianenfasern geflochten und verknotet war. Martius nahm es zu seiner Sammlung. Das Schild wurde auf diese Weise zum letzten noch erhaltenen Zeugnis eines rätselhaft gebliebenen Volkes. Zwar gelang es den Karijona einige Jahrzehnte später den Kautschukbataillonen zu entkommen, doch dann folgten Masern- und Pockenepedemien, die das Volk an den Rand des Aussterbens brachten.

39

Am Chorro von Araracuara endete meine Flußreise Der Río Caquetá durchbrach das Bergmassiv der Serranía. Die Katarakte hatten den brasilianischen Vorwärtsdrang ebenso gestoppt wie die Missionsbemühungen der (spanischen) Franziskaner. Auch Martius versperrte der Schlund von Araracuara die Weiterreise nach Westen. Als er am 27. Januar 1820 vor den Katarakten stand, war er « *tief ergriffen vom Schauder dieser wilden Einsamkeit*». Er hatte seine Furcht vor den Indianern überwunden, aber die Sehnsucht nach Europa war mit jedem Kilometer, den er nach Westen vorgedrungen war, größer geworden. Der Schlund von Araracuara war die größte Barriere des Río Caquetá auf seinem Weg zur Mündung in den Amazonas und weiter auf dem Weg zum Meer. Aber er war nicht nur eine Landmarke in den Weiten des Amazonasgebietes. Für die Indianer war er das Haus der Fische, eine gewaltige Maloca.

Fünf junge Andoque standen vor Doña Martas Hütte, ihre Speere zum Fischen in der Hand wie Lanzen. Sie kauften Coca Cola und Kartoffelchips in Tüten. Im Längsboot des Kühlhauses, das Don Dagobert steuerte, saßen bereits andere lanzenbewehrte Jäger. Don Dagobert warf den Motor an, gab Vollgas und wendete das Boot gegen den Chorro flußaufwärts. Bald wurde die Strömung stärker und zog und riß an dem Boot, während zu beiden Seiten die glattrasierten Steilwände immer näher rückten, und ein Grollen die aufgeregten Stimmen der Indianer für einen Augenblick zum Verstummen brachte. Durch glucksende Strudel und Wirbel suchte sich der starke Motor seinen Weg. Die Fischer erreichten den Eingang der Schlucht. Tosende Wasser jagten über die Felsen, die der Fluß in Jahrmillionen auseinandergerissen hatte. Die Sierra von Araracuara, die dreihundert Meter hoch anstieg, hatte der Río Caquetá wie mit einem Machetenhieb durchtrennt. Der Lärm der Wassermassen wurde von den steilen Wänden zurückgeworfen. An den Ufern auf beiden Seiten lagen abgerundete Felsen übereinander, bis zu zehn Meter im Durchmesser. Nur hier und dort ein Büschel Gras, ein Stück Baum, ein Fetzen Moos. Die Steine waren schwarzblau und glänzten in der Abendsonne wie mit einem Ölfilm überzogen. Sie lagen da wie aufgeschichtetes Pappmaschee. Im Schlund des Chorros vagabundierte der Fluß ziellos über Wasserterrassen. Hier holte der Río Caquetá Atem, um dann mit neuer Kraft loszubrechen. Die Jäger verteilten sich auf die Felsengruppen. Zwischen den Felsen verkantet ragten geschlagene Stämme der Assaipalme über das grünmilchig schäumende Wasser und bildeten Kanzeln und Balkone. Schwankend wie auf einem Hochseil balancieren die Jäger zur Spitze und hielten dabei den Speer wie eine Akrobatenstange. Dann drehten sie den Speer und steckten auf die Spitze eine Kappe aus Metall mit kräftigen Widerhaken. Eine Nylonschnur von zehn Metern Länge verband den Speer mit einem kleinen Plastikkanister, den sie in der anderen Hand hielten.

Die Dämmerung neigte sich über die Schlucht. Schon immer hatte der Fluß während des Niedrigwassers die großen Fische ausgespuckt. Zu Tausenden rutschten die gestreiften Leiber der Tigerbagres und Pintadillos, die alabasterfarbenen der Lecheros und die goldglänzenden der Dorados über die schwarzen Felsen oder verfingen sich in den Terrassen und Stauwassern. Die mit den Flossen schlagenden, zuckenden, nackten Körper ließen die Andoque an Fischfrauen denken. Die Sirenen wollten sie verführen und in die Strudel hinabziehen. Die Fettdrüsen am Unterleib der Lecheros erschienen den Jägern wie die Brüste der Fischfrau. In ihrer Vorstellung hatten Fischer und Fischfrau den ersten Akt vollzogen.

Das Rauschen übertönte das Flüstern der Fischer. Inmitten der Felsen leuchteten die Lichter der Taschenlampen auf, die sich wie tanzende Glühwürmchen zu einer Lichterkette verbanden. Die Augen der Fischer waren weit aufgerissen, auf einen Quadratmeter Caquetáwasser gerichtet, den der Leuchtkegel einfing. Der rechte Arm hielt den Speer abwurfbereit im Anschlag. In dieser Stellung verharrten die Jäger die ganze Nacht, nur unterbrochen von kurzen Pausen, um hastig eine Zigarette zu rauchen oder sich mit Basuko aufzuputschen. Das dahinjagende Wasser und das stetige Rauschen machten den Blick müde. Um nicht einzuschlafen, simulierten sie Würfe, die mit Befreiungsschreien einhergingen.

Die Fischer mußten aufpassen, daß sie die Wucht des abgeworfenen Speeres nicht mitriß in die Welt der Fischfrauen.

Als Kolumbiens großer Ethnologe Reichel-Dolmatoff, die sexuelle Bedeutung von Stromschnellen und Strudeln in der Vorstellung der Amazonasindianer beschrieb, da warf ihm so mancher Kritiker vor, er würde bei seinen Interpretationen Sigmund Freuds Theorien vom Sexualtrieb überstrapazieren. Das Dasein im Amazonasgebiet war für Reichel-Dolmatoff angefüllt mit sexuellen Zeichen. Die Reise flußaufwärts war wie ein sexueller Akt, der in der Überwindung der Stromschnellen seinem Höhepunkt entgegenstrebte. Die Strudel waren wie die Vagina, die die Männer anzog und verschlang. Die Fische waren Frauen und die Schaumkronen, die unterhalb der Katarakte entstanden, das Symbol der Geburt. Selbst die sprudelnden Blasen in der kochenden Suppe konnte man, soweit man Reichel-Dolmatoff folgte, als Geburtsvorgang werten.

Am Chorro von Araracuara überzeugten mich seine Ausführungen. Trotz der Kommerzialisierung enthielt der Fischfang noch immer eine erotische Komponente. Der Chorro erschien wie ein Felsengarten der Verführung und zog die jungen Männer Nacht für Nacht in seinen Bann, auch wenn die Ausbeute an diesem Morgen mager war. Doch das mochte auf meine Anwesenheit zurückzuführen sein, denn ich hatte während der Nacht als Voyeur in den Felsen gelegen. An den Tagen zuvor, waren die Fischer stets mit reicher Beute zurückgekehrt. Als es dämmerte, warfen sie hastig ihre Netze aus und holten verirrte kleine, schlanke Sardinas heraus. Viele nicht einmal groß genug, um sie mit nach Hause zu nehmen. Die großen Fische landeten ausnahmslos im Kühlhaus.

Kühlhausbesitzer Zumaeta machte sich die Jagdtradition der Indianer am Chorro zunutze. Seit Jahrhunderten waren die Indianer aus allen Himmelsrichtungen zur Zeit des Niedrigwassers zum Chorro von Araracuara gepilgert. Sie wollten den Kampf mit dem Lechero aufnehmen, um als große Jäger zu ihrer Gruppe zurückzukehren. Lange hatten sie sich in der Maloca vorbereitet, denn die Jagd war eine Auseinandersetzung mit den eigenen bösen Kräften.

Der kommerzielle Fischfang hatte die Jagd auf den Lechero entwertet und das Gleichgewicht zwischen äußerer und innerer Welt bereits empfindlich gestört. Die Götter wandten sich ab. Die Indianer empfanden eine tiefe Schuld. Ihre Seelen waren verloren, und sie überantworteten sie den Weißen. Die Lecheros wurden bereits kleiner. Speerspitze und Nylonschnur mußten bezahlt werden. Jede Nacht kostete einen Satz Batterien. Es gab Tage, an denen der Fluß Geschenke verteilte, dann lagen die Fischer tagelang unter den Tischen der Wellblechcantina in Araracuara.

Am Chorro von Araracuara fand das eingespielte System zwischen Vater und Sohn, Herr und Diener, Henker und Opfer seine Fortsetzung. Noch immer vertraute der Indianer der schützenden Hand des Weißen. Er strebte nicht nach materiellen Gütern, sondern suchte die Anlehnung an eine starke spirituelle Kraft. Er hätte sich verweigern, flußabwärts ziehen oder im Innern des Waldes verschwinden können, aber er blieb.

40

«Sabotage!» ein betrunkener Don Dagobert torkelte auf den blauen Tisch zu und konnte sich kaum auf den Beinen halten. Er schlug mir auf die Schulter und drückte mir ein Aguilarbier in die Hand.

«Trink mit mir. Alle Fische im Kühlhaus verderben. Jemand hat in der Nacht die Elektrokabel durchgeschnitten. Du mußt mir helfen.»

«Ich bin kein Elektriker.»

»Aber du bist Deutscher. Alle Deutsche sind Ingenieure.»

«Ich verstehe wirklich nichts davon, aber ich kann es mir einmal ansehen», sagte ich dem Verzweifelten.

Die Kühlhaustür stand offen. Auf dem Boden im Innenraum, groß wie eine Garage, hockten vier junge Andoque und stapelten die abtauenden Valentones. Das Schmelzwasser stand knöcheltief. Don Dagobert klopfte in wilder Verzweiflung auf das Glas des Temperaturanzeigers, der den roten Markierungsstrich, der die Plus- von den Minusgraden schied, bedrohlich überschritten hatte. Die Nadel kletterte weiter. Noch einmal schlug er gegen die Instrumententafel, als könne er durch sein beharrliches Klopfen den Ausschlag der Nadel beinflussen.

«Die Suramericana kommt erst in einer Woche, Millionenverluste», heulte er und Tränen liefen ihm über das Gesicht.

41

Am nächsten Tag sollte die Hercules kommen. Die Menschen von Puerto Santander versammelten sich am Anleger und bildeten eine Schlange, die bis zum Haus der Dicken reichte. Frederica nahm ihren Enkel an die Hand. Doña Marta begleitete ihre Töchter zur Piste. Die Ferien gingen zu Ende und die Schüler und Studenten mußten in die Hauptstadt zurück. Auch wenn viele nicht mitfliegen würden, kamen doch alle mit zur Landepiste, um sich von Verwandten und Freunden zu verabschieden, die man lange Zeit nicht mehr sehen würde. Beim Bäcker holte ich mir eine Handvoll süßer Rascones, die er mir in Zeitungspapier einwickelte, auf dem eine brasilianische Sambakönigin abgebildet war. Es war ein Bericht über den Karneval in Río. Die Zeitung war ein Jahr alt. Die Fischer richteten einen Fährbetrieb ans andere Ufer ein. Sämtliche Polizeieinheiten hatten sich eingefunden. Die Drogenabwehr fuhr mit ihrem Aluminiumboot mit Vollgas Schlangenlinien auf dem Fluß.

Es herrschte allgemeine Aufbruchstimmung. Nur Carlos, der Mann der Dicken, und der verrückte Gabriel blieben in Puerto Santander zurück. Sie nannten Gabriel «El General», weil er sich für Bolívar hielt. Gabriel salutierte bei jedem Boot, das sich in Bewegung setzte und rief:

«*Patria o muerte*», denn er glaubte die Befreiungsschlacht von Boyaca stünde unmittelbar bevor.

Die Dorfbewohner bewegten sich wie ein Pilgerzug in Zweier- und Dreiherreihen vom Anleger in Araracuara den Berg hinauf. Sie trugen Reisetaschen, Jutesäcke und verschnürte Pappkartons auf dem Kopf, unter dem Arm oder auf dem Rücken.

Eine grauschwarze Gewitterfront nahm den wolkenlosen Himmel ein. Sie platzte und entlud ihre Wassermassen, die die Gruppe auseinandertrieben. Im Laufschritt suchten wir Schutz unter dem Wartestand an der Landebahn. Dichtgedrängt standen wir unter den im Regen flatternden Wellblechplatten des Daches. Ebensoschnell wie er gekommen war, verschwand der Amazonasregen, und die Sonne trocknete die Wasserlachen auf der Schotterpiste. Der Comandante erschien, und die Menge drängte sich um ihn.

«Ich habe gerade mit Bogotá telefoniert, die Hercules ist noch nicht beladen. Wir müssen weitere Meldungen abwarten.»

«Solange es hell ist, besteht immer noch Hoffnung», kommentierte ein Andoque aus Peña Roja und erhielt ein beifälliges Nicken der anderen.

Der Andoque lief über die Hochebene, sammelte abgebrochene Zweige und versuchte am Wartehäuschen ein Feuer in Gang zu bringen. Seine Frau besaß einen alten Kaffeesack, aus dem sie einen Aluminiumtopf herausholte. Sie kochte Chontadurofrüchte. Die Gorda hatte Witterung aufgenommen. Sie verspürte Appetit und drängte sich an die Seite der Indianerin. Sie lobte die weise Voraussicht der Indianerin, an Essen gedacht zu haben, betonte wie gern sie Chontaduro mag und hielt ihr demonstrativ einen Plastikteller entgegen. Die Studenten baten die Soldaten um einem Ball und spielten Fußball auf der Landepiste. Die Mädchen pflückten Estrellas del Sur, langstielige Blumen mit weißen sternförmigen Blüten, die im Hochland als Mitbringsel beliebt waren. Eine junge Frau kam auf das Wartehäuschen zugelaufen.

«Bei José ist ein Fest im Gange», sagte sie.

Im gleichen Moment ertönte ein Motorengeräusch über dem Chorro.

«Sie kommt, sie kommt», riefen die Studenten. Sie jubelten, winkten und sammelten eiligst ihre Sachen zusammen.

Der Comandante blickte irritiert zum Himmel. Durch die Wolkendecke stieß eine Hercules und hielt auf die Landepiste zu. Sie kam schnell näher und ging bis auf hundert Meter hinunter. Dann gab sie Vollgas und fegte über unsere Köpfe hinweg. Der Kochtopf fiel um, und das heiße Wasser lief der kreischenden Gorda über die Füße. Am anderen Ende der Landepiste zog der Pilot das Steuer ruckartig nach oben, und die Hercules schoß wie ein Belugawal zurück in die Wolken.

«Die Hercules der Amerikaner», sagte Victor ungerührt, «die langweilen sich mal wieder.»

«Jetzt gehen wir tanzen», wiederholte die junge Frau ihre Einladung.

Sie hakte sich bei mir ein, und wir gingen die wenigen Schritte hinüber zu José. Er hatte den Kassettenrecorder auf die überdachte Terrasse gestellt und die Musik bis zum Anschlag aufgedreht.

Die Polizisten saßen im Vorgarten und ließen die Rumflasche kreisen. Der Chef der Drogenpolizei hatte zur olivgrünen Uniform schwarze Lackschuhe und weiße Socken angezogen. Er wollte sich mit mir verbrüdern und begann die Namen der deutschen Fußballspieler aller Nationalmannschaften seit 1952 aufzusagen, während er mir die Flasche unter die Nase hielt. Ich mußte bis zur Weltmeisterschaft *Italia Noventa* durchhalten und war froh, daß mir die Ersatzspieler erspart blieben.

Im Mangobaum neben uns saß ein Ara und knabberte mit seinem Schnabel an einer Coladose. Er krächzte:

«*Mango, Mango! Mango dulce, mango con sal.*»

«Co-ca-co-la!» korrigierte ich.

José lachte.

«Ein kolumbianischer Ara wird niemals Coca Cola sagen.»

Wir tanzten, tranken und lachten und hatten längst vergessen, warum wir zusammengekommen waren. Die Polizisten stützten sich gegenseitig und fielen immer wieder in den Matsch.

Mit dem Einbruch der Dunkelheit löste sich das Fest auf und alle kehrten in ihre Häuser zurück. José sagte zu mir:

«Komm am Montag wieder, am Wochenende ist die Hercules noch nie geflogen, da arbeitet keiner in Bogotá. Außerdem ist Feiertag, Puente, langes Wochenende. Wahrscheinlich kommt sie erst am Mittwoch. Wer weiß das schon.»

Am Sonntag nahm ich den Satenaflug nach Bogotá. Ich trug die neue Jeans, die mir ein kolumbianischer Rekrut im Auftrag von Oberleutnant Smith gebracht hatte. Victor begleitete mich zur Landepiste.

Der Comandante hatte vier Soldaten abkommandiert, um die Abfertigung der Fluggäste zu kontrollieren. Der Bäcker hängte eine Marktwaage an den Dachbalken des maroden Wartehäuschens und trug die Gepäckstücke zweihundert Meter vor zur Landepiste. Die Satenamaschine setzte kurz hinter dem Chorro auf. Die kreisenden Rotorblätter ließen die Hosenbeine des Bäckers flattern. Er lud das Gepäck in die hintere Ladeluke und warf den schmalen Postsack obenauf. An der geöffneten Flugzeugtür stand eine Stewardeß in marineblauer Uniform. Der Bäcker verabschiedete jeden Fluggast per Handschlag.

«Wann kommst du wieder?» wollte Victor wissen.

«*Oiga*, hör mal, bring mir Schuhe mit!»
«Gummistiefel?»
«Nein, deutsche Lederschuhe.»

Die Maschine hob ab und überflog den Chorro. Das Dach des Dschungels öffnete sich. Sternförmig führten die Wege zum Chorro, der geschlungene Pfad der Anakonda, die Gasse des Jaguar. Immer mehr Pfade öffneten sich unter dem Dach des Waldes. Die Indianer kamen von allen Seiten. Die Ticuna vom Río Calderón. Die Huitoto aus La Chorrera, die Miraña und Bora aus Puerto Remanzo, die Karijona vom Río Yarí. Auch die Götter hatten ihre Pfade.

Ich lehnte mich zurück. Das Tor zum Amazonas stand weit offen.

Glossar

Aguardiente: kolumbianischer Zuckerrohrschnaps mit Anisgeschmack

Aldeiert: Martius bezeichnete die durch die brasilianische Verwaltung in Dörfern (Aldeas) angesiedelten Indianer als «aldeiert».

Ambil: Tabakpaste, die mit einem Holzstöckchen geleckt wird

Antioquia: kolumbianisches Departement mit der Hauptstadt Medellín

Arbol Amarillo: gelbblühender Tajibobaum

Arepa: Maistortilla

Arrendajo: Amazonas-Eichelhäher

Bachillerato: kolumbianischer Schulabschluß, der zum Universitätsstudium berechtigt

Bocadillo: kleine, süße Banane

Brujería: weit verbreiterter Volksglaube an spirituelle Kräfte

Bulto: Sack, Ballen

Caboclo: traditioneller Bewohner des brasilianischen Amazonasgebietes

Cabuyaje: Aufwärtsziehen von Booten über die Stromschnellen mittels langer Lianen

Caimo: tropische Frucht

Carriel: traditionelle Lederumhängetasche, die im kolumbianischen Departement Antioquia noch weit verbreitet ist

Cachaça: brasilianischer Zuckerrohrschnaps

Cedula: kolumbianischer Personalausweis

Colombiana: kolumbianisches Erfrischungsgetränk

Colono: Siedler

Copita: Becherchen

Corregidor: Dorfvorsteher

Chagra: durch Brandrodung angelegter Dschungelgarten
Chevere: toll
Chiva: buntbemalter Bus, typisches Verkehrsmittel in der kolumbianischen Provinz
Chontaduro: stärkehaltige Frucht der gleichnamigen Palme

DAS: Departamento Administrativo de Seguridad, die kolumbianische Superbehörde, zuständig für Visafragen, die innere Sicherheit und den Geheimdienst
DEA: Drug Enforcement Agency, US-Drogenabwehrbehörde

Escopeta: (altertümliches) Gewehr

FAC: Fuerza Aérea Colombiana, kolumbianische Luftwaffe
FARC: Fuerzas Armadas Revolucionarias de Colombia, bewaffnete revolutionäre Streitkräfte Kolumbiens, die größte kolumbianische Guerrillaorganisation

Gringo: jeder Ausländer in Kolumbien, nicht unbedingt ein Schimpfwort

Igapó: saisonal überschwemmtes Waldgebiet
Inderena: ehemalige Bezeichnung für die kolumbianische Naturparkverwaltung

Jején: (*Pium* brasil.) winzige Stechfliegen, die tagsüber, vor allem in der Regenzeit, an einigen Abschnitten des Río Caquetá zur Plage werden

Maloca: indianisches Gemeinschaftshaus bei den Bora- und Miraña-Indianern
Manati: Seekuh
Manguare: Pauke aus zwei Resonanzkörpern zur Nachrichtenübermittlung, die im Nordosten des Amazonasbekkens bei den Huitoto, Miraña u.a. Indianervölkern nur noch selten verwendet wird

ONIC: nationale Indianerorganisation Kolumbiens
Otavalo: bei Ausländern beliebter Indianermarkt im nördlichen Ecuador

Paiche: (*Pirarucú* brasil.) Riesenfisch aus der Familie der Knochenfische
Paisa: Eigenbezeichnung der Bewohner des Departements Antioquia
Pan de bono: kleine, gebackene Mais- oder Yukabällchen gefüllt mit Käse
Petroglifos: Felszeichnungen
Platano: Back- oder Kochbanane
Puente: wörtlich Brücke, verlängertes Wochenende

Quebrada: kleiner Flußlauf

Salado: salzhaltiges Sumpfgebiet, das bevorzugt von Tapiren, Pekaris u.a Tieren aufgesucht wird und von daher ein bevorzugtes Jagdgebiet darstellt
Salsaparilha: wildwachsende Wurzel, die zu Zeiten von Martius als Gewürz beliebt war
Siga !: «Vorwärts, hereinspaziert !»

Tinto: Kaffee, Kolumbiens Nationalgetränk
Trocha: Dschungelpfad

Uva(del monte): tropische Frucht

Vaquero: Cowboy
Violencia: wörtlich Gewalt, kolumbianischer Bürgerkrieg zwischen 1948 und 1953 unter dessen Aus- und Fortwirkungen das Land noch heute leidet

Yuka (Mandioca dt. Maniok): die Wurzel ist Grundnahrungsmittel im Amazonastiefland

Zarpe: Auslaufpapiere für Binnenschiffer

Quellen

Bates, Henry Walter, *A Naturalist on the river Amazonas,* Leipzig Dyk 1866

Burroughs, William und Ginsberg, Allen, *Auf der Suche nach Yage,* die deutsche Übersetzung der *Yage Letters* im Limes Verlag, Wiesbaden 1990

Brasilianische Reise 1817-1820, Carl Friedrich Philipp von Martius zum 200.Geburtstag, Hirmer Verlag München 1994 , herausgegeben von Jörg Helbig

Goulding, Michael, *The fishes and the forest, exploration in Amazonian natural history,* Berkeley, 1980

Hardenberg, Ernst W.,*The Putumayo, the Devil's Paradise,* T. Fisher Unwin, London, 1912

Hesse, Hermann, *Siddhartha,* Suhrkamp Verlag, Frankfurt, st 1231, Copyright 1950 by Hermann Hesse, Montagnola

Martius, Carl Friedrich Philipp von, *Frey Apollonio, Ein Roman aus Brasilien erlebt und erzählt von Hartoman* Nach der handschriftlichen Urschrift von 1831, mit einem einführenden Vorwort zu Autor und Auffindung des Manuskripts versehen und mit zahlreichen Anmerkungen und Erklärungen zum Text, herausgegeben von Erwin Theodor Rosenthal. Dietrich Reimer Verlag Berlin, 1993

Martius, Carl Friedrich Philipp von, *Von dem Rechtszustande unter den Ureinwohnern Brasiliens,* Eine Abhandlung, München 1832

Reichel-Dolmatoff, Gerardo, *El Chaman y el jaguar (estudio de las drogas narcoticas entre los Indios de Colombia)* Siglo ventiuno editores, Ciudad de Mexico, 1978

Sawyer, Roger, *Casement The Flawed Hero,* Routledge & Kegan Paul, London 1984

Singleton-Gates, Peter; Girodias, Maurice, *The Black Diaries, An account of Roger Casement´s life and times with a collection of his diaries and public writings,* The Olympia Press, 1959

Spix, Johann Baptist von; Martius, Carl Friedrich Philipp von, *Reise in Brasilien in den Jahren 1817-1820,* herausgegeben von Karl Mägdefrau, Dritter Band, Brockhaus, Stuttgart, 1966

Wallace, Alfred Russel, *A Narrative of travels on the Amazon and Río Negro,* New York 1889

Whiffen, Thomas, *The Northwest Amazon , Some month spend among Canibal Tribes,* Constable & Company, London 1915

Zerries, Otto, *Unter Indianern Brasiliens , Sammlung Spix und Martius 1817-1820 aus dem Staatlichen Museum für Völkerkunde München,* Pinguin-Verlag, Innsbruck, Umschau-Verlag, Frankfurt a.M., 1980

Zwei großartige Reiseländer für Individualisten im SEBRA - Verlag

"Ein neuer Stern am Reiseführerhimmel"
(Thomas Pampuch in der taz)

"Auf DuMont kann man sich verlassen, bei SEBRA hat man Spaß dabei."
(FAZ)

"Informationen in ungewöhnlich ausführlicher Weise"
(Hamburger Abendblatt)

"Der beste Suchtreffer für diese Anfrage."
(Amazon. Com.)

Der Autor

Frank Semper, Jahrgang 1962, lebt in Hamburg und Kolumbien. Der Verleger und Reisebuchautor promoviert im kolumbianischen Indianerrecht.

„Tor zum Amazonas" folgt dem Río Caquetá, einem Amazonaszufluß im "Niemandsland" zwischen der brasilianischen Grenze und dem Einflußbereich der kolumbianischen Guerrilla.

Die Region steckt voller Rätsel und ihre Geographie wird noch immer von den Mythen der Indianer bestimmt, die sich (bislang) als stärker erwiesen haben als die Einflüsse der modernen Massengesellschaft. Im kolumbianischen Amazonasgebiet existiert noch die Freiheit des ursprünglichen Reisens, in der jeder neue Tag unverbraucht ist und jede menschliche Begegnung Neugierde weckt.

Auf seiner Reise zu den Bora und Miraña Indianern trifft der Ich-Erzähler einen Ausländer auf Drogensuche, Soldaten, die die Guerrilla fürchten und eine Anakonda im Hungerstreik.

Hinter den Begegnungen der Gegenwart öffnet sich der Blick auf die Wirren der kolumbianischen Geschichte und die Reise des Carl Friedrich Philipp von Martius, einem der bedeutenden Amazonasreisenden des 19. Jahrhunderts.